KB126072

위대한
독서의 힘

위대한 독서의 힘

초판 1쇄 인쇄 2015년 2월 15일
초판 2쇄 발행 2016년 4월 26일

지은이 ㅣ 강   건
펴낸이 ㅣ 강인구

펴낸곳 ㅣ 누림북스
등   록 ㅣ 제2015-000029호
주   소 ㅣ 서울시 마포구 양화로 78, 502호(서교동, 서교빌딩)
전   화 ㅣ 02-3144-3500
팩   스 ㅣ 02-6008-5712
이메일 ㅣ cdgn@daum.net

교   정 ㅣ 이윤경
디자인 ㅣ 참디자인(02-3216-1085)

ISBN 979-11-954647-0-8 [03320]

위 대 한

독서의

힘

당신의 운명을 바꾸는 독서혁명 프로젝트

강 건 지 음

누림북스

목 차

PART 1 독서의 이유를 찾아서

PART 2 성공자 독서의 힘

프롤로그

독서의 힘은 위대하다.

독서는 세상을 바꿀 수 있는 힘을 가지고 있다.

독서는 어떤 사람이라도 변화시킬 수 있는 힘을 가지고 있다.

독서의 힘이 위대한 이유는 독서로 생각의 변화를 가져올 수 있기 때문이다. "생각이 바뀌면 말이 바뀌고, 말이 바뀌면 행동이 바뀌고, 행동이 바뀌면 습관이 바뀌고, 습관이 바뀌면 운명이 바뀐다"라는 말이 있다. 운명을 바꾸는 것이 생각의 변화에서부터 시작된다는 것을 잘 설명해 주는 말이다. 운명을 바꿀 수 있는 생각의 변화는 오직 독서로만 가능하다. 독서를 통해 머리에 좋은 생각들이 입력되어야 생각이 바뀌게 되는 것이다.

"독서는 개인과 가정과 기업과 국가의 운명을 바꿀 수 있다"라는 말이 있다. 독서의 힘을 이보다 더 멋지게 표현한 말은 없을 것이다. 독서는 개인의 삶을 혁명적으로 바꿀 수 있다. 개인의 삶이 바뀌면 그 사람의 가정도 당연히 바뀌게 되어 있고, 개인과 가정의 변화는 기업과 국가의 운명을 바꿀 수 있는 힘이 된다. 기업과 국가는 개인과 가정이 모여서 만들어지는 공동체이다. 공동체의 모든 개인과 가정이 바뀌면 공동체는 당연히 바뀔 수 밖에 없다. 이처럼 독서는 모든 것을 바꿀 수 있는 힘을 갖고 있다.

독서로 운명을 바꾼 사람들이 수없이 많다. 세종대왕은 왕의 세 번째 아들로 태어났기 때문에 왕이 될 수 없는 운명이었다. 그러나 독서를 많이 한 세종대왕은 다른 왕자들은 따라올 수 없는 따뜻한 성품과 해박한 지식을 갖추었다. 독서로 실력을 쌓은 세종대왕은 결국 왕의 첫째 아들이 갖고 있던 세자 자리를 물려받게 되었고 결국 왕이 되었다. 세종대왕은 왕이 되어서도 독서의 힘으로 정말 많은 업적을 남겼다. 그중에서도 한글을 만든 것은 오천 년 대한민국 역사에서 가장 위대한 왕으로 칭송을 받는 계기가 되었다. 독서의 힘으로 세종대왕은 위대한 왕이 된 것이다.

스티브 잡스Steve Jobs는 사생아로 태어나 어려서 입양이 되었기 때문에 친부모가 누군지도 모르고 자랐다. 나중에 출생의 비밀을 알고 많은 방황을 하기도 했지만 독서의 힘으로 세계 최고의 기업인이 되었다. 그는 인문학으로 유명한 리드 대학Read College에서 공부하였다. 대학에서 접한 인문학 독서의 힘으로 애플Apple을 세계 최고의 기업으로 세울 수 있었다. 스티브 잡스는 독서의 힘으로 세계사에 남을 위대한 업적과 성취를 이룬 사람이 된 것이다.

정주영 회장은 초등학교를 나온 것이 학력의 전부였다. 초등학교를 졸업한 학력으로는 좋은 회사에 취직할 수 없어서 막노동을 해야만 했다. 정주영 회장은 막노동을 하면서도 꿈을 가지고 독서를 하였다. 막노동은 육체적으로 힘이 드는 일이기 때문에 쉬는 시간에 다른 동료들이 술을 마시거나 유흥을 즐기며 시간을 보낼 때 그는 독서를 하였다. 정주영 회장은 초등학교 졸업이 학력의 전부였지만 독서의 힘으로 현대現代 기업을 세울 수 있었던 것이다.

오프라 윈프리Oprah Winfrey 는 결손가정에서 자라면서 불우한 유년시절을 보냈다. 십 대 시절에는 가정폭력과 성폭력에 시달리면서 탈선하여 약물과 음주, 흡연을 하기도 했고 임신까지 했었다. 엄마와 살면서 방황을 많이 하자 아빠에게로 가서 잠깐 살게 되었는데, 그때 새엄마의 도움으로 독서 습관을 기르게 되었다. 그 후에 독서의 힘으로 불우한 환경을 극복하고 위대한 삶을 살게 되었다. 독서의 힘으로 세계 최고의 쇼 진행자가 된 것이다.

소프트뱅크SoftBank 의 손정의 회장은 중증의 만성간염으로 생명의 위협을 받아 병원에 입원한 3년 동안 4,000권의 책을 읽고 소프트뱅크를 세계 최고의 기업으로 세우게 되었다. 이랜드E·LAND 의 박성수 회장은 근육무기력증으로 3년 동안 병원에 입원해 있으면서 3,000권의 책을 읽고 이랜드를 대기업으로 세우게 되었다. 민들레영토의 지승룡 대표는 도서관에서 3년 동안 2,000권의 책을 읽고 민들레영토를 대한민국 최고의 카페로 성장시켰다.

에디슨^{Thomas Edison}은 저능아라고 놀림받으며 학교에 적응하지 못하고 초등학교에 입학한지 3개월 만에 학교를 그만두었지만 십 대 시절에 2만 권의 책을 읽고 천재적인 발명가가 되었다. 나폴레옹^{Napoleon}은 프랑스의 식민지 출신이었지만 독서의 힘으로 프랑스 황제의 자리까지 올랐다. 그는 전쟁에 출정할 때에도 많은 책을 가지고 가서 독서를 한 힘으로 세계를 호령하는 사람이 되었다. 모택동^{毛澤東}은 가난한 농부의 아들로 태어났지만 독서의 힘으로 중국의 혁명을 이끄는 위대한 지도자가 되었다.

역사적으로 위대한 지도자와 위대한 천재들은 모두 '독서하다가 죽겠다'는 정신으로 독서에 전념하여 위대한 업적과 성취를 이룰 수 있었다. 위대한 삶을 살다간 사람들은 자신의 생각만으로는 위대한 일을 할 수 없다는 것을 알고, 독서의 힘으로 자신의 생각을 완전히 뛰어 넘는 천재적인 사상을 얻어야 된다는 것을 알았던 것이다. 그래서 '독서하다가 죽겠다'는 정신으로 독서에 전념하여 위대한 업적과 성취를 남기고 세계적인 인물이 될 수 있었던 것이다.

"책 속에 길이 있고 책 속에 힘이 있다"는 말처럼 책 속에서 길을 찾고 책 속에서 힘을 얻으면 방황을 멈추고 인생의 진정한 의미와 가치를 알게 되어 행복하고 성공적인 삶을 살아갈 수 있게 된다. 그러나 대부분의 사람들은 인생의 길을 몰라서 방황하고 있다. 무엇을 해야 할지 어떻게 해야 할지를 모른 채 힘들게 살아가고 있다. 그런 사람들 가운데 삶의 끝자락에서 독서로 인생의 길을 찾고 살아갈 힘을 얻은 한 여인이 있다. 그녀도 책에서 길을 찾고 힘을 얻기 전에는 하루하루를 힘겹게 살아야만 했었다.

독서로 운명을 바꾼 그녀 이야기

그녀를 처음 만난 것은 2013년 5월이었다. 처음 만났을 때 그녀는 아무 희망이 없어 보였다. 33세인 그녀는 실업자였고 모아 놓은 돈도 없어서 아는 언니 집에서 더부살이를 하고 있었다. 그녀의 처지도 암울하지만 그보다 더한 것은 그녀의 가족이었다. 그녀의 아버지는 교도소에 수감 중이었고 어머니는 정신병원에 입원해 있었다. 그녀의 아버지는 그녀가 어릴 때부터 교도소에 드나들었고 어머니는 정신병원에 입원하는 경우가 많았다. 교도소에 있는 아버지 때문에 어머니의 마음이 약해져서 정신과 치료가 필요하게 된 것이다.

그녀는 불우한 가정환경 탓에 가족의 따뜻한 보살핌을 받지 못하고 자랐다. 그녀의 말에 의하면 어릴 때부터 거의 혼자서 생활하는 경우가 많았다고 한다. 가족의 사랑을 받지 못하고 자란 그녀는 정서적으로도 매우 불안한 상태였다. 우울증에도 시달리곤 했는데 우울증에 빠지면 일주일이나 보름 정도는 정상적인 생활을 할 수 없었다.

2013년 5월에 그녀는 나의 '운명을 바꾸는 꿈과 독서 이야기' 강연을 들었다. 그 강연을 듣고 그녀는 삶의 희망을 갖게 되었고 독서에 모든 것을 걸어보자는 결심을 하였다. 정말 힘들고 어려운 상황이었지만 그녀는 2013년 7월부터 2014년 2월까지 8개월 동안 400여 권의 책을 읽었다. 그녀는 생계를 위해 빵집에서 5시간씩 일하는 것 외에는 오로지 독서에만 전념하였다. 그리고 엄청난 변화와 성장을 이루어 냈다.

그녀는 400여 권의 책을 읽은 2014년 2월의 어느 날 나에게 취직을 하고 싶다고 말했다. 그러나 나는 취직하는 것에 반대하였다. 취직을 하면 당신의 능력을 마음껏 발휘할 수 없을테니 위탁경영할 수 있는 곳을 찾아보자고 하였다. 독서를 통해서 남다른 생각을 하는 사람으로 변하게 되었으니 그 능력을 마음껏 발휘할 수 있는 곳을 찾아보자고 제안한 것이다. 그녀의 간절한 마음이 하늘과 통한걸까? 일주일 후에 아주 놀라운 일이 일어났다. 제주도의 아름다운 해변가에 새로 오픈하는 프랜차이즈 카페의 점장을 맡아달라는 제안을 받은 것이다.

그녀에게 하늘이 기회를 준 것이다. 나는 그 제안을 받아들이라고 하였다. 우선 위탁경영을 할 수 있는 곳은 아니지만 경영 전반을 배울 수 있는 기회이니 그곳에 가서 많은 경험을 쌓으라고 말했다. 1~2년 정도 경험을 쌓은 후에 위탁경영할 수 있는 곳을 찾아보자고 하였다. 그리고 그녀에게 두 가지 미션을 주었다. 하나는 카페 경영에 관한 독서를 하여 전반적인 지식을 쌓으라고 하였다. 또 하나는 제주도에 있는 카페 사장님들을 만나 인터뷰하고 카페 경영 노하우를 배우라고 하였다. 장사가 잘되는 곳에서는 잘되는 방법을 배우고 안되는 곳에서는 안되는 이유를 찾아서 개선방안을 연구해 보라는 미션을 주었다. 그녀는 두 가지 미션을 완벽하게 소화하였다.

현재 그녀는 카페를 성공적으로 경영하고 있다. 하루 매출이 평일에는 이백만 원, 주말과 휴일에는 사백만 원 정도라고 한다. 그녀는 카페에서 일해 본 경험이 전혀 없었지만 독서를 통해서 사고력을 넓혔기 때문에 자신의 사고방식에 갇힌 경영이 아니라 성공할 수밖에 없는 남다른 경영 방식으로 성공적인 경영을 하고 있다. 카페에서의 실무 경험이 전혀 없는 그녀가 20여 명의 직원을 효과적으로 관리하는 최고의 카페 관리자가 되었다.

그녀가 일하는 카페에 5년차 경력의 매니저가 있는데 그 매니저가 다른 직원에게 그녀에 대해서 평가하는 말을 전해 들었다면서 내게 들려주었다. 매니저는 "그동안 카페에서 5년 가까이 일하면서 많은 사장님과 점장님을 모셔봤지만 우리 점장님처럼 훌륭한 분은 처음이다"라고 말했다고 한다. 상식적으로 카페 관리와 경영의 전문가는 어쩌면 그녀보다 매니저이다. 객관적으로 그녀는 카페 경영에는 초보자일 뿐이다. 그럼에도 경력이 더 많은 매니저가 그녀를 인정한 것은 많은 놀라움을 준다.

그녀는 성공적인 카페 경영으로 대기업에 다니는 것만큼의 월급을 받고 있다고 한다. 지난달에는 성공적인 카페 경영에 대한 보상으로 두둑한 보너스까지 받게 되었다고 한다. 그녀는 무엇보다 책을 통해 배운 것을 실천하면서 직원들과 공감하고 소통하며 정말 즐겁게 일하고 있다고 한다. 지난 33년 동안 많은 상처와 아픔 속에서 생활했던 그녀가 할 수 있는 일은 많지 않았다. 주목받는 삶이 아니라 항상 아웃사이더로 살아왔다. 그랬던 그녀가 지금은 다른 사람들을 교육하고 관리하는 리더로 성장해 가고 있다.

지난 5월에 그녀에게서 전화가 왔다. 그녀는 아무 말 없이 울면서 나에게 "정말 고맙습니다. 정말 감사합니다"라고 말했다. 5월이 되니 작년 5월에 처음 나를 만났을 때가 생각이 나서 눈물이 난다고 하였다. 지난 일 년 동안 많은 변화와 성장을 할 수 있도록 이끌어 주신 것이 정말 고맙다면서 눈물의 전화를 한 것이다. 그녀는 일 년 만에 엄청난 변화와 성장을 경험하였다. 일 년 전 그녀에게는 아무런 희망이 없었다. 그러나 불과 일 년 만에 사람들이 깜짝 놀랄만한 큰 변화를 이루었다. 400여 권의 독서가 그녀를 완전히 다른 사람으로 변화시켜 주었다. 400여 권의 독서는 그녀를 제주도의 리더로 만들어 가고 있다. 그녀는 성공적인 카페 경영을 하고 있을 뿐만 아니라 제주도에서 저소득층이 사는 지역 두 곳의 아동센터에서 인문학 독서를 무료로 지도하고 있다. 제주도를 인문학의 메카^{Mecca}로 만들겠다는 야심찬 계획과 함께 말이다. 나는 그녀가 반드시 제주도와 대한민국을 이끄는 리더로 성장할 것이라고 확신한다.

대한민국 독서의 새로운 패러다임을 제시하며

독서는 운명을 바꿀 수 있는 최고의 무기이다. 독서가 운명을 바꾸는 최고의 무기인 이유는 생각을 바꿀 수 있기 때문이다. "생각이 바뀌면 말이 바뀌고 말이 바뀌면 행동이 바뀌고, 행동이 바뀌면 습관이 바뀌고 습관이 바뀌면 운명이 바뀐다"는 말처럼 운명을 바꾸려면 가장 먼저 생각을 바꾸어야 한다. 사람의 근본적인 변화는 생각에서 시작되며 생각을 바꾸려면 독서를 해야 한다. 독서하지 않고 변할 수 있는 사람은 없다. 물론 순간적으로 생각의 변화가 이루어질 수는 있다. 상황과 환경이 바뀌면 순간적으로 변할 수는 있겠지만 근본적인 변화는 불가능하다.

독서는 세 가지로 분류할 수 있다. 취미독서와 지식독서, 그리고 성장독서로 분류할 수 있다. 취미독서는 말 그대로 취미로 하는 독서를 말한다. 학창시절 생활기록부에 취미를 기록했었는데 대부분의 학생들이 독서와 음악 감상으로 적는 경우가 많았다. 독서와 음악 감상은 대한민국 사람들의 대표적인 취미생활이었다. 취미독서는 어떤 목적을 가지고 독서하는 것이 아니라 여가생활을 즐기기 위한 독서이다.

지금은 육체노동을 하는 사람보다는 정신노동을 하는 사람이 더 많다. 정신노동을 하는 사람은 업무 스트레스를 많이 받는데, 스트레스를 해소하는 데 독서보다 더 좋은 것은 없다. 독서, 음악 감상, 산책, 비디오게임, 등이 스트레스를 얼마나 줄여 주는지를 영국의 한 연구기관에서 측정했었는데, 그 결과 독서 68%, 음악 감상 61%, 커피 타임 54%, 산책 42%, 비디오게임 21% 순으로 스트레스 감소효과가 있는 것으로 나타났다. 독서가 모든 요소 중에서 가장 높게 나온 것이다. 취미독서는 스트레스를 해소하기 위한 독서 방법으로 적합하다. 그러나 취미독서는 스트레스를 해소하기에는 이상적인 방법이지만 변화와 성장을 위한 독서는 아니다. 취미독서를 뛰어넘는 독서가 필요하다.

지식독서는 지식을 얻기 위한 독서를 말한다. 전공서적을 포함하여 지식을 얻기 위해서 읽는 모든 것을 지식독서라고 한다. 대부분의 사람들이 책을 읽는 이유가 지식을 얻기 위해서인 경우가 많다. 지식독서도 반드시 필요하다. 지식이 축적되지 않으면 세상의 발전을 이끌 수 없기 때문이다. 더 좋은 세상을 만들기 위해서는 반드시 지식독서가 필요하다. 지식독서는 지식을 얻기 위한 방법으로는 아주 좋은 방법이지만 변화와 성장을 위한 독서는 아니다. 지식이 많다고 해서 인격적으로나 정신적으로 성숙한 사람이 되는 것은 아니기 때문이다. 지식독서를 뛰어넘는 독서가 필요하다.

성장독서는 삶의 변화와 성장을 위한 독서이다. 인격적으로나 정신적으로 성숙한 사람이 되기 위한 독서 방법이다. 선조들도 성장독서를 추구하였다. 물론 선조들도 취미독서와 지식독서를 하였다. 그러나 선조들은 취미독서와 지식독서에서 멈추지 않고 변화와 성장을 위하여 노력하였다. 선조들도 스트레스를 해소하고 지식을 얻기 위해서 독서를 하였다. 그러나 스트레스 해소와 지식을 얻는 것에서 멈추지 않고 변화하고 성장하기 위해서 사색하고 실천하는 독서를 하였다.

성장독서가 진정한 독서이다. 취미생활로 독서를 하거나 지식을 얻기 위해서 독서하는 것은 독서의 본질이 아니다. 독서의 한 방편일 뿐이다. 취미독서와 지식독서도 반드시 필요하지만 취미독서와 지식독서를 넘어 성장독서가 되도록 해야 한다. 독서가 취미와 지식을 습득하는 것에서 끝나는 것이 아니라 사색하고 실천하는 진정한 독서가 되도록 해야 한다. 삶의 변화와 성장을 이끄는 진정한 독서의 세계에 들어서야 한다. 삶의 변화와 성장을 이끄는 성장독서는 성공자 독서와 인문학 독서이다.

당신의 운명을 바꿀 수 있는 변화와 성장을 이끄는 성장독서를 하려면 성공자 독서와 인문학 독서를 해야 한다. 책은 종류가 수없이 많은데 모든 책을 다 읽을 수는 없다. 수많은 책 중에서 사람의 근본적인 변화를 이끌 수 있는 성장독서는 성공자 독서와 인문학 독서이다.

실패자의 삶을 살고 있다면 성공자 독서를 시작해야 한다. 두려움에 떨고 있다면 성공자 독서를 시작해야 한다. 우울증에 빠져 괴로움을 겪고 있다면 성공자 독서를 시작해야 한다. 자신감이 없는 삶을 살고 있다면 성공자 독서를 시작해야 한다. 사람을 더 많이 알고 싶다면 인문학 독서를 시작해야 한다. 사람다운 사람이 되고 싶다면 인문학 독서를 시작해야 한다. 혁신을 이끄는 삶을 살고 싶다면 인문학 독서를 시작해야 한다. 사랑하는 삶을 살고 싶다면 인문학 독서를 시작해야 한다. 위대한 업적과 성취를 남기고 싶다면 인문학 독서를 시작해야 한다.

지금 당장 독서를 시작하라! 지금 당장 성공자 독서와 인문학 독서를 시작하라! 당신의 삶에 혁명이 일어날 것이다. 독서는 개인과 가정과 기업과 국가의 운명을 바꿀 수 있다고 확신한다. 독서로 당신의 운명을 바꿀 수 있다.

독서의
이유를
찾아서

POWER OF READING

01
독서의 이유가 운명을 바꾼다

행복하고 성공적인 삶을 살기 위해서는 삶의 이유와 목적을 찾아야 한다. 위대한 업적과 성취를 이룬 사람들은 삶의 이유와 목적이 분명한 사람이 많다. 성공적인 인생을 살기 위해서는 삶의 이유와 목적도 분명히 알아야 하지만 자신의 일에 대한 이유와 목적도 찾아야 한다. 자신의 일에 대한 이유와 목적이 분명한 사람에게 일은 더 이상 일이 아니고 놀이가 되고 사명이 되기 때문이다.

공부의 이유를 찾은 학생은 스스로 공부를 열심히 하게 된다. 공부의 이유를 찾은 학생에게 공부는 더 이상 공부가 아니다. 공부를 인생의 목표를 달성하기 위한 과정이라고 생각한다. 이런 학생들에게 공부는 즐거운 놀이가 되는 것이다.

독서도 마찬가지다. 독서하는 것은 어렵다. 어려운 독서를 하기 위해서는 독서의 이유가 있어야 한다. 독서는 자신과의 처절한 싸움이다. 자신과의 싸움에서 이기려면 독서의 이유가 분명해야 한다.

독서가 좋다는 것을 모르는 사람은 없다. 그러나 독서를 실천하는 사람은 많지 않다. 학생들도 부모의 권유에 의해서 독서를 잘 하다가도 초등학교 5학년 정도만 되면 독서를 멀리하기 시작한다. 학생들이 독서를 멀리하는 가장 큰 이유는 초등학교 5학년 정도가 되면 주입식 교육과 암기식 교육에 익숙해지기 때문이다. 주입식 교육과 암기식 교육은 생각할 필요가 없는 교육 방식이다. 생각을 하지 않고 무의식적으로 입력만 하는 교육이다. 학생들이 아무 생각이 없는 것은 주입식 교육과 암기식 교육과 밀접한 연관이 있는 것이다.

학생들이 독서를 멀리하는 또 다른 이유는 영상 시대에 살고 있기 때문이다. 텔레비전이나 컴퓨터와 스마트폰은 영상 시대의 도구들이다. 문자를 멀리하고 영상을 가까이하기 때문에 독서가 점점 어려워지는 것이다. 두뇌가 영상을 받아들일 때는 생각할 필요가 없다. 생각할 필요 없이 정보를 받아들이는 것이다.

독서가 어려운 이유는 생각하는 것을 힘들어하는 두뇌로 변했기 때문이다. 주입식 교육과 암기식 교육에 의해서 생각하는 세포가 죽어 가고 있고 영상에 의해서 생각하는 것을 귀찮게 여기는 시대에 살고 있기 때문에 독서가 어려워진 것이다. 생각하는 세포가 죽어 있는 사람은 독서를 죽기만큼 힘들고 어렵다고 생각한다. 생각하는 세포를 살리면 독서가 가능해지지만 생각하는 세포를 살리는 것이 쉽지 않다. 생각하는 세포가 죽어 있어 독서하기가 쉽지 않기 때문에 독서의 이유가 반드시 필요한 것이다.

나는 독서법 강연을 할 때면 "독서는 나를 죽이는 것이다"라고 말한다. 내가 '독서는 나를 죽이는 것이다'라고 표현하는 것은 독서가 그만큼 어렵다는 것을 강조하기 위해서이다. 독서는 나를 죽여야 할 만큼 정말 어려운 것이다. 사람들이 독서에 대한 자극을 받고 독서를 해 보려고 하지만 잘 되지 않는다. 독서를 하려면 나의 모든 욕구를 죽일 때 가능하기 때문이다. '독서는 나를 죽이는 것이다'라는 말은 독서를 하려면 나의 모든 욕구를 죽여야 한다는 뜻이다.

독서를 하려면 자신의 기본적인 욕구를 죽여야 한다. 독서하기 위해서는 놀고 싶은 욕구, 친구 만나고 싶은 욕구, 여행 가고 싶은 욕구, 텔레비전 보고 싶은 욕구, 쉬고 싶은 욕구, 잠자고 싶은 욕구들을 이겨내야 한다. 그만큼 강한 의지를 발휘해야 독서할 수 있다. 다른 기본적인 욕구는 별다른 노력 없이 쉽게 할 수 있다. 그러나 독서는 다른 욕구들을 죽여야 가능하다.

"독서는 나를 죽이는 것이다." 이 말처럼 독서를 하는 것은 정말 쉽지 않다. 나의 모든 욕구를 죽여야 독서가 가능해지기 때문이다. 그래서 어려운 독서를 해내기 위해서는 반드시 독서의 이유가 필요한 것이다. 독서의 이유를 찾으면 독서가 아무리 어려워도 쉽게 접근할 수 있다. 독서도 처음이 어렵지 습관이 들면 독서만큼 재미있고 즐거운 일도 없기 때문이다.

나의 고향은 호남평야로 유명한 김제의 전형적인 농촌마을이다. 나는 유년시절에 친구들과 산으로 들로 뛰어다니면서 자랐다. 친구들과 하루도 빠짐없이 신나게 놀면서 유년시절을 보냈다. 그런데 중학교 2학년 겨울방학이 되자 한 친구가 집 밖으로 나오지 않았다. 친구가 밖으로 나오지 않는 이유를 알아보니 공부를 하기 위해서였다. 친구네 집이 일 년 후에 전주로 이사를 가기로 예정되어 있었는데 친구가 전주로 진학을 하지 못하면 김제에 혼자 남아서 고등학교를 다녀야 하기 때문에 공부해야 한다고 했다. 전주는 학군이 상당히 좋은 편이라서 실력이 없으면 진학할 수 없는 지역이었기 때문이다.

친구는 그해 겨울을 공부만 하면서 보냈다. 친구가 공부할 때 나와 다른 친구들은 계속 신나게 놀면서 겨울방학을 보냈다. 중학교 3학년이 되어서 첫 모의고사를 보았는데 놀랍게도 친구는 반에서 2등을 했다. 공부해야 할 이유를 찾은 친구의 성적이 정말 놀랍게 뛰어 오른 것이다. 중학교 2학년까지 그 친구의 성적은 다른 친구들에 비해 그리 뛰어나지 않았다. 그러나 공부의 이유를 찾은 친구는 엄청나게 변했다. 겨울방학을 온통 공부하는 데 쏟은 친구의 실력이 일취월장한 것이다. 친구는 그 뒤로도 꾸준히 상위권을 유지했고 결국 전주로 진학하였다.

전주로 진학한 친구는 고등학교에서도 꾸준히 상위권의 성적을 유지했고 전북대 의대에 진학하여 의사가 되었다. 친구는 현재 개인병원 원장으로 상당한 부와 명예를 누리며 살아가고 있다. 중학교 때 나와 함께 계속해서 산으로 들로 뛰어다니며 놀던 친구들은 평범한 삶을 살고 있다. 나와 친구는 모두 4명이었다. 한 친구는 택시 운전을 하고 있고 또한 친구는 트럭 운전을 하고 있다. 공부의 이유 하나가 인생을 완전히 바꾼 것이다. 중학교 2학년 겨울방학 이후로 친구들의 삶이 완전히 달라지게 된 것이다.

독서의 이유를 찾아야 한다. 공부의 이유를 찾은 친구의 삶이 완전히 달라진 것처럼 독서의 이유를 찾으면 당신의 운명을 완전히 바꿀 수 있다. 독서의 이유를 찾고 독서에 정진하면 당신의 삶을 완전히 바꿀 수 있다. 독서는 정말 어렵고 힘이 많이 든다. 그러나 독서하면 인생이 달라진다. 지금부터 독서의 이유를 함께 찾아보자.

02
독서는 나를 깨는 것이다

독서는 나를 깨는 것이다. 나를 깬다는 것은 내 생각의 한계를 깨는 것이다. 사람은 누구나 자기 생각의 한계에 갇혀 있다. 자기 생각에 갇혀 있기 때문에 더 나은 삶을 살지 못하는 것이다. 내 생각의 한계 안에서는 아무리 열심히 노력해도 제자리걸음을 걷는 것과 같다. 내 생각의 한계를 깨지 못하고 하는 노력은 다람쥐가 쳇바퀴를 도는 것과 같은 것이다. 정말 열심히 살지만 삶의 변화가 없는 것은 자기 생각의 한계 안에서 살아가기 때문이다.

다람쥐 한 마리가 어느 날 위대한 결심을 했다. 보통의 다람쥐를 뛰어넘어 위대한 다람쥐가 되기로 결심하고는 하루에 쳇바퀴를 10시간씩 달리기로 했다. 다람쥐는 위대한 다람쥐가 되기 위하여 매일 10시간씩 죽기 살기로 쳇바퀴를 달렸다. 다람쥐는 놀고 싶고, 텔레비전 보고 싶고, 여행 가고 싶고, 친구 만나고 싶고, 쉬고 싶고, 잠자고 싶은 모든 욕구를 포기하고 열심히 달렸다. 한 달, 6개월, 그리고 1년을 달렸다. 1년 후에 다람쥐에게 어떤 변화가 있었을까? 아마도 큰 변화는 없었을 것이다. 다람쥐가 하루에 10시간씩 아무리 열심히 달렸다고 하더라도 쳇바퀴 안에서 달린 것일 뿐이다. 다람쥐는 결국 다람쥐 쳇바퀴의 한계를 넘지 못한 것이다.

사람의 노력도 마찬가지다. 사람이 아무리 열심히 노력을 해도 자신의 생각의 한계 안에서 하는 노력은 많은 것을 얻기가 어렵다. 자신의 생각의 한계 안에서는 아무리 열심히 노력한다 해도 한계가 있다는 것이다. 에디슨은 "천재는 1%의 영감과 99%의 노력으로 이루어진다"고 말했다. 이 말을 노력의 중요성에 대해 한 말로 생각하는 사람도 있겠지만 이 말은 노력의 중요성이 아니라 영감의 중요성에 대한 말이다. 1%의 천재적인 영감이 없으면 99%의 노력이 헛된 노력이 된다는 것이다.

우물을 팔 때 물이 나올 만한 곳을 파야 한다. 물이 나오지 않는 곳은 아무리 열심히 파더라도 결국 물이 나오지 않는다. 1%의 영감이 바로 물이 나오는 곳을 아는 것이다. 1%의 천재적인 영감으로 물이 나올 곳을 알고 99%의 노력을 다해서 우물을 파야 한다는 것이다. 사람이 가장 힘이 드는 것은 노력한 만큼 효과가 나오지 않는 것이다. 1%의 영감 없이 99%의 노력을 하는 것은 다람쥐가 쳇바퀴를 도는 것과 같은 것이다.

나는 농촌에서 자랐다. 부모님은 농사를 짓느라 새벽부터 밤늦게까지 정말 열심히 일하셨다. 정말 열심히 농사를 지으셨지만 평생 가난의 굴레를 벗어나지 못하셨다. 지금 생각해 보면 농사만 짓지 말고 다른 것을 시도해 보았으면 정말 좋았을 것이다. 그러나 부모님은 농사를 천직으로 여기고 평생 열심히 일만 하셨다. 부모님의 생각의 한계는 농사만 짓는 것이었다.

독서는 1%의 영감을 얻을 수 있는 가장 큰 요소이다. 책 한 권에는 30년의 지혜가 담겨 있다고 한다. 명저名著라고 평가받을 수 있는 좋은 책을 한 권 쓰기 위해서는 30년 정도는 교육을 받고 경험을 해야 한다. 작가의 30년의 경험과 지혜가 녹아서 한 권의 책이 되는 것이다. 그래서 책 한 권에는 30년의 지혜가 담겨 있다고 하는 것이다. 한 권을 읽으면 30년의 지혜가 나의 지혜가 된다. 열 권을 읽으면 3백 년, 백 권을 읽으면 3천 년, 천 권을 읽으면 3만 년의 지혜가 나의 지혜가 되는 것이다.

사람이 지혜를 얻는 가장 좋은 방법은 경험을 통해서 얻는 것이다. 그러나 사람의 수명은 한계가 있다. 아무리 오래 살아도 100년 이상 살기가 어렵다. 경험을 통해서 얻을 수 있는 지혜는 100년이 한계다. 나의 경험으로는 100년의 지혜를 얻을 수 있지만 독서를 통해서 얻을 수 있는 지혜는 무한대이다.

소크라테스Socrates는 "다른 사람이 쓴 책을 읽는 일로 시간을 보내라. 다른 사람이 고생하면서 깨우친 것을 보고 쉽게 자신을 개선시킬 수 있다"라고 하였다. 독서의 중요성을 강조한 것이다. 소크라테스는 "나는 독서하지 않는 사람을 정말 이해할 수 없다"라고도 했다. 독서하면 누구나 지혜를 얻어서 현자賢者가 될 수 있는데도 사람들이 독서하지 않는 것이 안타까워서 한 말이다.

내 생각의 한계는 다른 말로 하면 고정관념이다. 사람은 누구나 고정관념을 가지고 있다. 고정관념은 세상을 보는 자신만의 창(窓)이다. 고정관념이라는 창을 통해서 세상을 보는데 사람마다 다른 고정관념을 갖고 있다. 사람마다 고정관념이 다르기 때문에 의견차이가 발생하게 되는 것이다. 고정관념이 강할수록 소통이 어려워진다. 세상에서 가장 무서운 사람은 책을 한 권만 읽은 사람이라고 한다. 책을 한 권만 읽었다는 것은 아는 것이 책 한 권이 전부라는 말이다. 아는 것이 책 한 권이 전부인 사람의 고정관념은 그만큼 크고 강하다는 것이다.

진정한 소통은 공감에서 나온다. 공감은 고정관념이 깨진 사람에게서 나온다. 고정관념을 갖고 있으면 진정한 공감을 할 수가 없다. 세상과 사람을 평가하는 잣대와 기준을 갖고 있으면 사람과의 관계에서 진정한 공감을 할 수가 없다. 공감할 수 없으면 진정한 소통은 있을 수 없다. 인간관계의 모든 문제는 소통의 부재에서 온다. 고정관념이 인간관계의 모든 문제의 근본 원인이다.

오프라 윈프리Oprah Winfrey는 소통의 대가이다. 그녀는 1986년부터 2012년까지 26년간 '오프라 윈프리 쇼'를 진행하면서 세계적인 부와 명성을 얻었다. 오프라 윈프리 쇼가 세계적인 쇼가 될 수 있었던 이유는 진정한 소통에 있었다. 그녀는 불우한 가정환경에서 자랐다. 유년시절에 미혼모의 딸로 할머니 집에서 자랐고 그 후에도 엄마의 집과 아빠의 집으로 옮겨 다니면서 살아야 했다.

그녀는 가정폭력과 성폭력에 시달렸으며 십 대 시절에는 마약을 하기도 했다. 많은 방황을 하던 그녀는 결국 십 대에 임신을 하기까지 했었다. 오프라 윈프리는 많은 방황을 하면서 힘들고 어려운 청소년 시절을 보냈지만 세계적인 인물이 되었다. 그녀가 세계적인 인물이 될 수 있었던 이유는 바로 독서의 힘이었다. 그녀는 유년시절과 청소년기의 힘들고 어려운 시절에 책을 읽었다. 그때의 꾸준한 독서가 오프라 윈프리의 고정관념을 깨주었고 토크쇼에 나온 게스트들과 진정한 소통을 할 수 있었기에 세계적인 쇼의 진행자가 될 수 있었던 것이다.

오프라 윈프리는 게스트가 나와서 "저는 가정폭력에 시달렸어요"라고 말하면 "나도 그랬어요"라고 말했다. "저는 성폭력을 당했어요"라고 말하면 "나도 그랬어요"라고 말하면서 위로해 주었다. 그녀가 진정한 소통을 할 수 있었던 것은 그녀의 고정관념이 깨졌기 때문이다. 게스트가 고백할 때 그녀에게 조금이라도 판단하고 정죄하는 마음이 있었다면 진정한 소통이 이루어지지 않았을 것이다. 게스트의 아픔에 진심으로 함께 아파하고 공감해 주었기 때문에 진정한 소통이 이루어진 것이다. 오프라 윈프리가 독서를 함으로써 고정관념이 깨졌기 때문에 게스트의 고백에 진심으로 공감할 수 있었던 것이다. 그 공감에서 진정한 소통이 나온 것이다. 결국 오프라 윈프리는 독서의 힘으로 세계적인 사람이 된 것이다.

독서하라! 독서하면 당신의 생각이 완전히 바뀌게 될 것이다. 독서는 모나고 비뚤어지고, 뒤틀리고 어그러지고 잘못된 생각에 사로잡혀 있는 당신의 생각을 완전히 바꾸어 준다. 독서로 고정관념에 사로잡힌 당신의 생각이 완전히 바뀌게 될 것이다. 독서하라! 언제까지 지금처럼 살 것인가? 언제까지 당신의 생각에 갇혀 살 것인가? 독서하라! 독서는 당신의 인생을 완전히 바꾸어 줄 것이다.

03
독서가 진짜 공부다

공부는 무엇일까? 선조들은 공부를 어떻게 생각했을까? 선조들은 공부를 '학문'이라고 생각했다. '학문'은 한자로 배울 학^學자와 글월 문^文자로 구성되어 있다. '학문'은 글을 배우는 것이다. '학문'을 한다는 것은 글을 배우고 있다는 것이다. 선조들이 '학문'을 한다고 하는 것은 글을 읽는 것을 말했다. 글을 읽고 그 뜻을 깨달아 아는 것이 학문이라는 것이다. 결국 글을 읽는 것은 독서를 하는 것이다.

선조들은 공부를 아는 것으로 생각하지 않았다. 지식을 습득하는 것을 공부라고 생각하지 않았다. 물론 선조들도 진짜 공부를 하기 위해서 지식을 습득하였지만 공부를 지식의 습득으로 끝내지 않고 깨달음을 얻기 위하여 노력하였다. 그리고 깨달음을 얻은 것을 실천하였다. 선조들은 실천하지 않는 지식은 진짜 공부라고 생각하지 않은 것이다. 결국 선조들은 지식의 습득과 깨달음과 실천을 하나로 본 것이다.

선조들은 공부를 독서로 했다. 독서로 지식을 얻고 사색을 통해서 깨달음을 얻고 그 깨달음을 실천했다. 세종대왕은 '백독백습百讀百習'을 한 것으로 유명하다. '백독백습'은 백 번 읽고 백 번 쓰는 것을 말한다. 세종대왕은 공부하기 위해서 독서를 하고 그 뜻을 깨닫기 위해서 백 번 읽고 백번을 쓴 것이다. '백독백습'으로 지식의 내재화를 이룬 것이다. 세종대왕이 '백독백습'을 실천해서 대한민국 오천 년 역사 가운데 가장 위대한 왕이 된 것은 독서가 진짜 공부임을 말해 준다.

대한민국의 교육에 문제가 많다고 한다. 대한민국의 교육은 여러 가지 문제점을 가지고 있다. 많은 문제점 가운데 대표적인 것은 단편적인 지식을 배우는 것으로 끝나는 것이다. 그래서 공부하는 것을 단편적인 지식을 배우는 것으로 생각하게 된 것이다. 그러나 공부는 단편적인 것을 배우는 것이 아니다. 공부는 전인교육을 이루기 위해서 해야 하는 것이다. 선조들은 공부를 지식의 습득으로 끝내지 않고 많은 깨달음을 얻기 위하여 노력하였다. 그리고 그 깨달음들을 실천하였다. 선조들의 공부의 목적은 전인교육에 있었던 것이다. 그러나 지금의 교육은 단편적인 지식을 얻는 것으로 끝나고 있는 현실이다.

전인교육은 '넓은 교양과 건전한 인격을 갖추는 것'이다. 전인교육이 넓은 교양과 건전한 인격을 갖추는 것이라는 것은 전인교육이 사람됨의 교육이라는 것이다. 플라톤Platon은 "모든 악은 무지無知와 욕심에서 나온다"라고 하였다. 사람들이 잘못을 저지르는 이유가 모르기 때문이라는 것이다. 대부분의 악은 무지에서 발생하지만 간혹 알고 있으면서도 잘못을 저지르는 경우가 있다. 알면서 잘못을 저지르는 것은 욕심 때문이다. 욕심에 눈이 멀면 죄책감을 느끼지 않고 많은 죄를 저지르게 된다.

전인교육은 모든 악의 근원을 제거해 준다. 넓은 교양은 무지에서 멀어지게 해 주고, 건전한 인격은 욕심에서 멀어지게 해 준다.

단편적인 교육을 넘어서 전인교육이 이루어지려면 독서교육이 주가 되어야 한다. 독서교육을 위주로 교육이 이루어지면 넓은 교양을 갖출 수 있다. 다양한 책을 읽음으로써 다양한 지식을 쌓을 수 있다. 다양한 지식에서 넓은 교양이 나오게 된다. "교양미는 감출 수 없다"는 말이 있다. 아무리 교양이 있는 척해도 결정적인 순간에는 드러나게 된다는 것이다. 독서를 통해서 많은 지식이 내재화되면 넓은 교양미를 갖추게 된다.

'독서는 마음의 양식'이라고 한다. 독서가 마음의 양식이기 때문에 건전한 인격을 갖추기 위해서 반드시 독서를 해야 한다. 그래서 안중근 의사는 "하루라도 책을 읽지 않으면 입 안에 가시가 돋는다"라고 하신 것이다. 책은 지혜의 보물 창고이다. 책 속에는 수없이 많은 인생의 지혜들이 들어 있다. 책을 읽으면 많은 지혜가 나의 지혜가 되는 것이다. 지혜를 얻으면 건전한 인격을 갖춘 사람이 될 수 있다. 독서를 통해서 지식을 내재화하여 많은 깨달음을 얻고 실천하면 넓은 교양과 건전한 인격을 갖춘 사람이 될 수 있다.

독서를 통해서 진짜 공부를 시작해야 한다. 단편적인 지식의 습득에서 멈추지 말고 독서교육을 중심으로 전인교육을 이루는 진짜 공부를 시작해야 한다. 지금까지 공부라고 하면 영어와 수학을 위주로 하는 학교 공부가 전부라고 생각해 왔다. 그러나 학교의 교육시스템 같은 교육은 진짜 공부가 아니다. 진짜 공부는 어떻게 살 것인가의 교육이기 때문이다. 그리고 어떻게 살 것인가의 답은 책 속에 다 들어있다. 지금부터 독서교육 시스템을 통한 진짜 공부를 시작해야 한다.

학교에서 초·중·고 12년과 대학교육 4년을 합하여 16년의 교육을 받았다. 16년의 교육을 받고 사회에 나오지만 어떻게 살아야 할지를 몰라 방황하는 경우가 많다. 16년의 교육기간 동안 단편교육만을 받았을 뿐 어떻게 살 것인가 하는 교육은 이루어지지 않았기 때문이다. 한 분야에서 10년 이상 열심히 노력한 사람은 달인의 경지에 오른다고 한다. 그러나 16년을 학교에 다녔지만 달인은 고사하고 제대로 살아가기도 힘들게 된 것이다.

책 속에는 인생의 지혜가 담겨 있다. 인생의 지혜는 다른 것이 아니다. 인생의 지혜는 어떻게 살 것인가의 답이다. 독서를 통해서 인생의 지혜를 쌓는다면 어떻게 살 것인가 하는 고민을 하지 않아도 된다. 독서를 통한 간접경험으로 이미 많은 삶의 지혜를 얻어서 방황하지 않고 살 수 있기 때문이다.

나도 독서를 하기 전에는 상황과 환경이 바뀌게 되면 당황하는 경우가 많았다. 그러나 독서량이 늘수록 마음의 여유가 생기게 되었다. 마음의 여유는 많은 삶의 지혜가 내재화되었기 때문에 나오는 것이다. 삶의 지혜가 많으면 상황과 환경이 바뀌어도 당황하지 않고 살 수 있게 된다. 이것은 미래에 대한 예측능력이 생겼기 때문이다.

독서는 진짜 공부다. 독서를 하면 삶의 지혜가 생기기 때문이다. 사람들은 새로운 상황과 환경을 만나면 어떻게 해야 하는지를 몰라서 많은 방황을 한다. 방황하면서 살아가는 모습을 보면 정말 안타까울 때가 많다. 독서를 통해서 진짜 공부를 하게 되면 당황하고 안절부절할 필요가 없어진다. 독서를 통해 얻은 삶의 지혜가 마음에 여유를 주기 때문이다. 지금부터 진짜 공부를 시작해야 한다. 독서로 진짜 공부를 하면 삶의 지혜를 얻고 여유로운 삶을 살 수 있게 된다.

독서로 세상과 소통하라

아리스토텔레스^{Aristoteles}는 "인생의 목적은 행복에 있다"라고 하였다. 사람이 살아가는 이유와 목적이 행복한 삶을 살기 위해서라는 것이다. 삶의 이유와 목적이 행복이라는 말이다. 행복은 어디에서 나올까? 돈에서 나올까? 가난한 사람은 행복하기가 어렵다. 그렇다고 부자가 다 행복한 것은 아니다. 부자가 다 행복한 것이 아니라면 행복이 돈에서 나오는 것은 아니다. 행복이 권력에서 나올까? 권력이 없는 사람이 행복하기는 어렵다. 그렇다고 많은 권력을 가진 사람이 다 행복한 것은 아니다. 권력이 많은 사람이 다 행복한 것이 아니라면 행복이 권력에서 나오는 것도 아니다.

　명예가 낮은 사람이 행복하기는 어렵다. 그러나 명예가 높은 사람이 다 행복한 것은 아니다. 명예가 많은 사람이 다 행복한 것이 아니라면 행복이 명예에 있는 것도 아니다. 그렇다면 행복은 어디에 있는 것일까? 행복이 돈과 권력과 명예에서 나오는 것이 아니라면 어디에서 나오는 것일까?

삶의 만족도를 조사해 보면 인간관계가 1위를 차지한다. 손주를 키워본 할머니들이 손주를 키워 보지 않은 할머니들에 비해서 삶의 만족도가 훨씬 더 높다는 조사결과가 나왔다. 손주를 키우는 것도 하나의 인간관계이기 때문이다. 삶의 만족도는 인간관계가 좋을 때 높게 나타난다. 결국 행복은 인간관계가 좋아서 삶의 만족도가 높을 때 나타나는 것이다. 행복은 다른 것에서는 찾을 수 없고 사람과의 관계가 좋을 때 나오는 것이다. 행복은 사람들과 희로애락^{喜怒哀樂}을 나누면서 함께 기뻐하고 함께 슬퍼하는 가운데 나오는 것이다.

가장 불행한 사람은 외로운 사람이다. 외롭다는 것은 사람이 없다는 것이다. 행복은 사람들과 함께하는 삶에서 나오는 것인데 곁에 사람이 없다면 비참함을 느끼게 된다. 사람들과 함께 살면서도 불행한 삶을 사는 사람도 있다. 사람이 있으면서도 불행한 삶을 사는 사람은 대화가 끊어진 사람이다. 부부가 함께 사는데 대화가 없다면 어떨까? 자녀와 함께 사는데 대화가 끊어졌다면 어떨까? 친구가 있는데 대화가 끊어졌다면 어떨까? 직장생활을 하는데 동료들과 대화가 없다면 어떨까?

사람과의 관계를 잘 유지하는 방법은 소통에 있다. 관계가 단절되는 가장 큰 원인은 불통^{不通}이다. 행복은 소통에서 나오고 불행은 소통의 부재에서 나온다. 행복한 삶을 살기 위해서 소통할 수 있는 힘을 길러야 한다. 소통의 힘을 기를 수 있는 방법 중에서 독서보다 좋은 것은 없다. 독서가 소통의 힘을 기르는 가장 좋은 방법인 이유는 독서로 폭넓은 지식을 쌓을 수 있기 때문이다. 소통은 공감에서 나오고, 공감은 세상을 보는 시야의 폭이 넓은 사람에게서 나온다.

소통이 이루어지지 않는 대부분의 이유는 시야가 좁기 때문이다. 사람들은 서로 좁은 시야를 가지고서 대화를 나눈다. 자신의 좁은 시야로 상대방을 평가하고 판단하기 때문에 소통이 안 되고, 자신의 좁은 시야로 이해되는 것들만 받아들이기 때문에 소통이 안 되는 것이다. 서로 자신의 의견만을 주장하기 때문에 소통이 안 되는 것이다. 서로 폭이 좁은 상태로 대화를 나누게 되면 처음에는 좋은 분위기로 시작하지만 결국 서로의 의견차이만 느끼게 되고 만다. 진정한 소통을 하기 위해서는 세상을 보는 시야의 폭을 넓혀야 한다.

좋은 인간관계를 유지하기 위해서는 소통을 잘할 수 있어야 한다. 소통을 잘하기 위해서는 시야의 폭을 넓혀가야 한다. 독서가 시야의 폭을 넓혀 줄 수 있다. 독서를 하면 자신이 직접 경험하지 못한 것들도 간접경험을 통해서 내재화할 수 있게 된다. 간접경험들도 직접경험 못지않게 시야의 폭을 넓혀 줄 수 있기 때문이다. 시야의 폭이 넓어진 사람은 어떤 사람과도 아무런 어려움 없이 소통할 수 있다.

자기 세계에 갇혀서 사는 사람들이 많다. 이런 사람은 대부분 고집불통이 되는 경우가 많으며 대부분 인간관계에 서툴다. 어떤 사람과도 대화가 잘 되지 않는다. 자신만의 세계에서 살고 있기 때문에 다른 사람의 생각은 중요하게 생각하지 않는다. 그래서 다른 사람의 생각을 받아들이려고 하지 않는다. 오직 자신의 뜻과 생각만을 강하게 주장하며 다른 사람의 생각은 무시하고 들으려고도 하지 않는다.

자기 세계에 갇혀 있는 사람 중에는 천재적인 재능을 가진 사람도 많다. 천재적인 재능을 갖고 있지만 그 재능을 잘 활용하지 못하고 썩히는 경우가 많다. 이런 사람들을 보면 정말 안타까운 생각이 들 때가 많다. 천재적인 재능을 꽃피우지 못하고 썩히는 것은 결국 모든 것이 사람과의 관계 속에서 이루어지기 때문이다. 독서는 자기 세계에 갇힌 사람을 구할 수 있다. 책의 좋은 내용이 머리에 들어오면 자신의 옹졸한 생각이 무너지고, 피해의식으로 똘똘 뭉친 자신의 생각이 얼마나 편협하고 어리석은지를 알게 되기 때문이다.

나도 고집불통이라고 할 수 있을 만큼 자기 세계에 갇혀서 살았었다. 고정관념이 정말 강한 사람이었기 때문이다. 어떤 사람과도 타협하지 않았고 타협할 생각도 없었다. 그런데 독서에 입문하고서 책을 100권 가까이 읽었을 때 내 생각이 틀릴 수도 있다는 생각이 들었다. 독서량이 계속 쌓이면서 내가 틀렸다는 생각이 점점 강해졌다. 내 생각이 틀릴 수도 있다는 것을 인지하기 시작하자 나의 고정관념이 급격하게 무너지는 경험을 했다. 책의 좋은 내용이 나의 머리에 입력되면서 철옹성 같았던 나의 고정관념이 깨지게 된 것이다. 1000권 넘게 읽은 지금은 항상 내 생각이 틀릴 수 있다는 생각으로 마음을 열고 상대방의 의견을 듣고 있다.

나는 고정관념이 깨지면서 사람과의 관계가 좋아지기 시작했다. 사람들과 진정한 소통을 이루게 된 것이다. 고정관념을 가지고 있을 때는 사람들과 대화하면서 겉으로는 동의하는 척했지만 마음속으로는 판단하고 정죄하면서 듣기도 하였다. 그렇게 판단하고 정죄하면서 대화를 나누니 진정한 소통이 될 리가 없었다. 그러나 고정관념이 깨지면서 사람을 이해하기 시작했다. 나의 편협한 시각이 아니라 상대방의 시각에서 이해를 하게 된 것이다.

독서는 세상과 소통할 수 있는 가장 좋은 무기이다. 독서가 고정관념을 깨뜨려 주기 때문이다. 세상과 소통을 잘하게 해 주는 것 중에서 독서보다 더 좋은 방법은 없다고 단언한다. 워런 버핏^{Warren Buffett}도 "당신은 결코 독서보다 더 좋은 방법을 찾을 수 없을 것이다"라고 말했다. 독서를 통해서 좋은 생각들이 머리에 들어와야 고정관념이 깨지고 진정한 소통을 할 수 있기 때문이다. 독서하라! 세상과 진정한 소통을 하게 될 것이다. 진정한 소통은 당신의 삶을 행복과 성공으로 이끌어 줄 것이다.

05

독서는 저자와의 만남이다

세상은 상처받은 영혼들로 가득하다. 도처에 고통으로 신음하는 사람들이 가득하다. 가난한 사람만 상처가 많은 것이 아니다. 부자들도 많은 상처를 가지고 있다. 권력이 적은 사람만 상처가 많은 것이 아니다. 권력이 많은 사람들도 상처가 많다. 신분이 낮은 사람만 상처가 많은 것이 아니다. 신분이 높은 사람들도 상처가 많다. 상처는 신분의 높고 낮음과 상관없이 누구나 많을 수 있다. 그래서 요즘은 '힐링healing'이 대세다. 과거에는 먹고 살기가 바빠서 상처를 생각할 여유가 없었다. 그러나 경제수준이 높아지고 삶의 질이 부각되면서 힐링이 대세가 된 것이다.

대한민국이 자살률과 이혼율 1위 국가가 된 것은 상처받은 영혼이 그만큼 많다는 것을 말해 준다. 많은 사람들이 상처와 아픔을 나누고 회복하기 위해서 노력하지만 뚜렷한 해결책을 찾지 못하고 있다. 사람을 통해서 상처를 해결하려고 하지만 오히려 더 큰 상처를 받기도 한다. 그래서 술이나 운동이나 기타 약물에 의존하여 해결하려고 하지만 오히려 더 많은 아픔과 후유증을 남기게 된다.

살다 보면 혼자서는 감당하기 힘든 삶의 무게가 밀려올 때가 있다. 정말 힘이 들고 어려워서 모든 것을 내려놓고 싶을 때도 있다. 정말 감당하기 힘들고 어려운 문제 앞에서는 무엇을 해야 할지, 어떻게 해야 할지 몰라서 방황하기도 한다. 때로는 인생의 방향을 결정해야 하는 큰 결단을 내려야 할 때도 있다. 미래가 예측 가능하다면 그런 결단을 내리기가 쉽겠지만 미래는 항상 불투명하게 다가오기 때문에 결정하는 것이 어렵다. 그럴 때 나에게 지혜를 나누어 줄 누군가의 조언이 필요하다.

힘들고 어려울 때 사람들은 지인들을 찾아간다. 그러나 큰 도움을 받지 못하는 경우가 대부분이다. 내가 만날 수 있는 지인들의 한계가 있기 때문이다. 도움을 받기 위해서는 나보다 지혜의 수준이 높은 사람을 만나야 지혜를 얻을 수 있다. 그러나 나와 비슷한 사람에게서는 좋은 답을 구하기가 어렵다. 그래서 정말 힘들고 어려울 때 지인들에게 위로를 받고 지혜를 얻기 위해서 찾아갔다가 오히려 더 큰 상처를 받기도 한다. 지인들을 만나고 돌아올 때면 다시는 찾지 않겠다고 다짐을 하지만 힘든 일이 생기면 다시 찾게 된다. 그리고 상처와 아픔을 반복하게 된다.

상처와 아픔이 반복되면 나와 비슷한 사람을 찾지 않고 나보다 더 나은 사람을 찾아 나서기도 한다. 그러나 나보다 나은 사람을 찾아 나서는 것도 쉽지 않다. 요즘 '멘토링mentoring'과 '코칭coaching'이 유행하고 있다. '멘토링'과 '코칭'은 나에게 지혜를 나누어 주는 사람을 만나는 것이다. 자기 스스로 판단하고 결정하기가 어려울 때 나보다 더 지혜로운 사람을 만나서 지도를 받는 것이다. 그러나 나에게 안성맞춤인 좋은 멘토mentor나 코치^{coach}를 만나기가 어렵다.

좋은 '멘토'나 '코치'를 만나기가 어려운 이유는 우선 나에게 지혜를 나누어 줄 명망이 있는 사람들은 접근하는 것 조차도 어렵기 때문이다. 명망이 있는 사람들을 개인적으로는 만나기가 어려워서 강연회나 세미나에 참석하여 도움을 구하기도 하지만 그런 자리에서 큰 도움을 받기는 어렵다. 그 사람들의 수준이 너무 높아서 나에게 맞는 답을 제시해 주는 것도 어렵고 내 얘기를 자세히 들어줄 시간도 부족하기 때문이다. 그래서 명망이 있는 사람들에게 잔뜩 기대하면서 찾아갔다가 오히려 실망하거나 상처를 받기도 한다.

독서는 저자와의 대화이다. 독서는 저자를 만나는 것이다. 독서를 통해서 저자를 만나면 많은 상처와 아픔과 어려운 문제들을 해결 받을 수 있다. 독서를 통해서 저자들의 지혜를 얻을 수 있기 때문이다. 독서를 통해서 저자를 만나는 것은 엄청난 일이다. 저자들은 대부분 위대한 사람이고 저자를 만나는 것은 위대한 사람과의 만남이기 때문이다. 저자들 중에는 위대한 사상가들도 있고 세계적인 인물들도 많다. 이런 사람들을 만나는 것은 정말 엄청난 일이다.

워런 버핏과의 점심식사가 화제를 낳은 적이 있었다. 워런 버핏과 점심식사를 할 수 있는 기회를 경매에 붙였는데 2012년에는 그 비용이 무려 35억이었다. 경매를 신청한 사람은 35억을 지불하면서도 워런 버핏과 만나기를 원했다. 워런 버핏을 만나는 것이 35억의 가치가 있다고 생각했기 때문이다. 점심식사를 통해서 밥만 먹는 것이 아니라 워런 버핏과 대화를 하는 것이다. 대화를 통해서 워런 버핏의 지혜를 얻을 수 있기 때문에 엄청난 금액을 지불하더라도 만나고 싶어 하는 것이다.

스티브 잡스도 "소크라테스와 식사를 할 수 있다면 애플의 모든 기술을 그 식사와 바꾸겠다"고 말했다. 스티브 잡스는 소크라테스를 만나는 것이 애플의 모든 기술을 지불할 만큼의 가치가 있다고 생각했기 때문에 그렇게 말한 것이다. 소크라테스는 서양철학사의 대표적인 인물이다. 서양의 모든 사상이 소크라테스에게서 시작되었다고 해도 틀린 말이 아니다. 위대한 사상가인 소크라테스를 만날 수만 있다면 애플의 모든 것을 지불해도 하나도 아깝지 않다는 것이다.

독서를 통해서 위대한 사람을 만나는 것은 엄청난 가치가 있다. 독서를 통해서 저자를 만나는 것은 위대한 사람과의 만남이기도 하지만 우리 주변에서 쉽게 만날 수 있는 사람도 있다. 저자는 평범한 사람들도 많기 때문이다. 저자 중에는 친구 같은 사람도 있고 옆집 아저씨 같은 사람도 있다. 독서를 통해서 만날 수 있는 저자가 평범한 사람이더라도 그 저자는 대부분 수준이 높은 사람인 경우가 많다. 책을 쓸 수 있을 정도라면 폭넓은 지식과 많은 깨달음을 얻은 사람인 경우가 많기 때문이다. 멘토는 나보다 수준이 엄청나게 높은 사람보다는 조금 높은 사람이 좋다. 나보다 수준이 약간 높아야 내 수준을 잘 이해하고 나에게 맞춤으로 멘토링을 해 줄 수 있기 때문이다.

힘들고 어려울수록 독서를 해야 한다. 사람에게서나 다른 어떤 것에서도 위로와 해결책을 찾을 수 없기 때문이다. 저자와 만나면 쉽게 위로를 받을 수 있고 해결책을 찾을 수 있다. 독서를 통해서 저자를 만나는 것은 많은 시간과 비용을 지불하지 않아도 된다. 나도 독서에 입문하기 전에는 많은 사람을 찾아다녔다. 그러나 지금은 저자와의 만남을 통해 많은 것을 해결하고 있다. 지금 힘들고 어려운 길을 걷고 있다면 독서를 해야 한다. 독서를 통해서 저자를 만나면 많은 것이 해결된다.

06
독서로 진짜 친구를 만나라

'군중 속의 고독'이라는 말이 있다. 주위에 사람이 많이 있지만 외로움을 느낀다는 말이다. 세상에서 혼자 살 수 있는 사람도 없고 혼자 살기를 원하는 사람도 없다. 사람은 천성적으로 고독한 것을 싫어하고 사람들에게 사랑받고 인정받고 존중받기를 원하기 때문이다. 그래서 고독감이 밀려올 때마다 사람을 찾지만 사람에게서는 만족을 얻지 못하고 오히려 더 많은 외로움을 느끼거나 허탈감을 갖게 되는 경우가 많다.

'인생에서 진실하고 의리 있는 친구가 세 명만 있으면 성공한 것이다'라는 말이 있다. 진실한 친구를 만나기가 그만큼 어렵다는 것이다. 주위에 친구는 많지만 마음을 터놓고 모든 것을 나눌 수 있는 친구를 만나는 것은 쉽지 않다. 연기자 김보성씨 때문에 요즘 의리가 대세이다. 의리의 사전적 의미는 '사람으로서 마땅히 지켜야 할 도리'이다. 의리를 지키는 것은 어떤 대단한 일을 하는 것이 아니라 사람이 지켜야 할 도리를 지키는 것이다. 사람이 지켜야 할 기본적인 일을 하는 것이다.

현 시대는 의리가 없는 시대가 되었다. 기본이 무시되는 시대가 된 것이다. 기본적인 도리도 지키지 않고 사는 시대가 된 것이다. 자신에게 이익이 되면 다가오고 이익이 안 되면 떠나는 시대이다. 물론 인간의 본성이 이기적이기 때문에 이익이 없으면 떠나는 것은 자연스러운 일이다. 그러나 이 시대는 그 정도를 넘어선 것이 문제다. 자신의 이익 앞에서 부모 형제는 물론이고 친한 친구까지도 저버리는 것이 현실이다. 돈과 권력 앞에서는 부모 형제도 친구도 없는 시대가 된 것이다.

성무용 전前 천안시장을 재임 중에 만난 적이 있는데 그에게 인생에서 가장 힘들고 어려웠던 일이 무엇인지를 물었다. 성무용 시장은 천안시장을 3선하고 물러났는데 천안시장에 당선되기 전에는 국회의원에 당선되었다가 두 번째 도전에서 낙선하였다. 그의 인생에서 가장 힘들었던 때는 낙선했을 때였다. 처음 국회의원이 되었을 때 많은 사람들이 자신에게 몰려왔었다. 그러나 두 번째 도전에서 낙선하자 발길을 돌렸고 그의 연락도 받지 않았다. 그때 사람들에게 많은 배신감을 느꼈다. 그러나 발길을 돌렸던 사람들이 천안시장에 당선되자 언제 그랬냐는 듯 다시 찾아오기 시작했다. 그때 사람에 대해서 많은 생각을 하게 되었다고 한다.

진실하고 의리 있는 친구를 만나기가 어려운 시대가 되었다. 어떤 친구가 진짜 친구일까? 물론 진짜 친구는 좋을 때 좋은 친구가 아니라 어려울 때 변하지 않고 함께해주는 친구가 진짜 친구다. 좋을 때도 함께하고 나쁠 때도 함께하는 친구가 진짜 친구다. 한마디로 생사고락을 함께하는 친구가 진짜 친구다. 그러나 그런 친구를 만나는 것은 쉽지 않다. 어떻게 하면 진짜 친구를 만날 수 있을까? 어떻게 하면 진정한 우정을 나눌 수 있을까?

진짜 친구를 만나기가 쉽지 않은 것은 생사고락을 함께할 친구를 구분하기가 쉽지 않기 때문이다. 어떻게 하면 진짜 친구를 알아보고 우정을 나눌 수 있을까? 진짜 친구는 나와 생각이 같은 사람이다. 진정한 친구는 마음을 나누는 친구이다. 마음을 나누는 것은 생각을 나누는 것이다. 그래서 진짜 친구를 찾으려면 나와 생각이 같은 사람을 찾으면 된다. 생각이 같은 친구를 만나려면 독서를 해야 한다. 내 생각의 폭이 좁고 단편적이면 생각이 같은 사람을 만나기가 어렵다. 독서를 통해서 생각의 폭을 넓고 종합적으로 바꾸면 생각이 같은 사람을 많이 만날 수 있게 된다.

독서를 통해서 생각의 폭이 넓고 종합적인 사람이 되면 만날 수 있는 사람의 선택의 폭이 넓어진다. 나의 작고 단편적인 생각으로는 많은 사람들과 정신적인 교류를 나누는 것에 한계가 있다. 그러나 생각의 폭이 넓고 종합적으로 바뀌면 많은 사람들과 폭넓게 함께할 수 있다. 독서를 해서 생각의 폭이 넓고 종합적인 사람은 대부분 진실하고 의리가 있다. 플라톤의 말처럼 모든 악은 무지와 욕심에서 나오지만 독서로 지식과 지혜가 커지면 점점 무지와 욕심에서 멀어지기 때문이다.

논어論語에 "남이 나를 알아주지 않음을 걱정하지 말고 내가 남을 알지 못함을 걱정하라"는 말이 있다. 다른 사람에게서 답을 찾지 말고 자신 안에서 답을 찾으라는 말이다. 진실하고 의리 있는 친구를 만나기 위해서는 내가 먼저 진실하고 의리 있는 사람이 되어야 한다. 독서를 통해서 생각의 폭이 넓어지고 종합적으로 사고思考를 하게 되면 진실하고 의리 있는 사람이 될 수 있다. '유유상종類類相從'이라는 말이 있듯이 내가 진실하고 의리 있는 사람이 되면 내 주위에 진실하고 의리 있는 사람들이 모이게 되어 있다.

지금 많이 외롭고 힘들다면 독서를 해야 한다. 다른 곳에서 답을 찾지 말고 자신 안에서 답을 찾아야 한다. 자신 안에 답이 있기 때문이다. 마음의 양식인 독서를 통해서 내 마음이 커지면 많은 것이 해결된다. 독서하라! 진짜 친구를 만나게 될 것이다. 독서하라! 내가 진짜 친구가 될 수 있을 것이다.

07
독서로 세상을 지배하라

누가 리더가 될 수 있을까? 힘이 센 사람이 리더가 될까? 돈과 권력이 많은 사람이 리더가 될까? 리더는 많이 아는 사람이 된다. 지식知識을 말하는 것이 아니라 지혜智慧를 말하는 것이다. 인생의 지혜를 많이 알고 있는 사람이 리더가 된다. 대화를 하다 보면 자연스럽게 한 사람을 중심으로 전개가 되는데 그 한 사람은 인생의 지혜를 많이 알고 있어서 많은 대안을 제시할 수 있는 사람이다.

"책을 한 권 읽은 사람은 책을 두 권 읽은 사람의 지배를 받는다"고 한다. 책을 두 권 읽은 사람이 한 권 읽은 사람보다 인생의 지혜를 많이 알고 있기 때문이다. 공동체의 리더가 되고 싶다면 독서를 해야 한다. 공동체에서 책을 가장 많이 읽고 지혜가 가장 많은 사람이 되면 자연스럽게 리더가 될 수 있다. 내가 살고 있는 지역에서 리더가 되고 싶으면 가장 책을 많이 읽으면 된다. 책을 통해서 삶의 지혜를 많이 알고 가장 많은 대안을 제시할 수 있는 사람이 되면 리더가 될 수 있다.

나폴레옹은 독서로 프랑스의 황제가 된 사람이다. 나폴레옹은 놀랍게도 프랑스의 식민지 출신임에도 프랑스의 황제가 되었다. 나폴레옹의 고향은 코르시카^{Corsica} 섬이다. 그 당시 코르시카 섬은 프랑스의 식민 지배를 받던 곳이었다. 나폴레옹은 식민지 출신에서 프랑스의 황제가 된 불세출^{不世出}의 영웅이다. 이는 나폴레옹의 위대함을 단적으로 보여 준다.

나폴레옹이 도저히 불가능해 보이는 프랑스 황제의 자리에 오르게 된 것은 독서의 힘이다. 그는 프랑스의 군사학교를 다닐 때 식민지 출신이라는 이유로 차별과 심한 따돌림을 당했으며 같이 놀 친구 하나 없었다. 그러나 그는 많은 차별과 따돌림에도 전혀 굴하지 않고 꿋꿋하게 이겨냈다. 나폴레옹이 많은 차별과 조롱을 이겨낼 수 있었던 것은 독서의 힘이었다. 독서를 하면서 마음의 힘을 길렀고 그 힘으로 어려움과 외로움을 이겨낸 것이다.

나폴레옹은 전쟁터에 갈 때도 책을 수레에 싣고서 출정했다고 한다. 독서를 얼마나 좋아했는지를 잘 보여 주는 일례이다. 나폴레옹은 "사람들은 시간이 없어서 독서를 못 한다고 한다. 그러나 나는 독서를 해야 하기 때문에 다른 것을 할 시간이 없다"라고 말했다. 나폴레옹은 모든 전략과 전술을 세울 때 독서를 통해 영감을 얻었다. 그는 전쟁의 포화 속에서도 책을 손에서 놓지 않았다.

식민지 출신이었던 나폴레옹이 프랑스의 황제가 되고 전 세계를 호령했던 것은 독서를 통해서 많은 지혜를 갖고 있었기 때문이다. 식민지 출신에서 황제가 된 것도 대단한 일이지만 세계를 지배할 만큼 뛰어난 전략가라는 것은 더 놀라운 일이다. 우리나라도 일본의 식민 지배를 받았었다. 우리나라 사람이 일본의 천황이 되고 중국과 러시아를 점령하는 세계 최강의 국가를 건설했다고 상상해 보라. 만약 그런 사람이 있었다면 그의 지혜가 정말 위대하다고 말할 수밖에 없을 것이다. 일본의 식민 지배를 받던 시절에 일본의 모든 사람을 능가하는 전략과 전술을 펼칠 수 있는 사람이 있었다면 절대 불가능한 이야기는 아니다.

세상을 지배하는 힘은 머리에서 나오는 것이다. 유대인은 세계 인구의 0.3%로 매우 적지만 노벨상의 30%를 유대인이 받는다. 그리고 미국 유명 대학교 학생의 25%가 유대인 학생이다. '세계는 미국의 지배를 받고 미국은 유대인의 지배를 받는다'는 말이 있다. 미국은 세계에서 가장 강한 나라이다. 미국이 주도하는 방향으로 세계의 질서가 유지되고 있다. 그런 미국의 핵심 브레인은 유대인이다. 나폴레옹이 식민지 출신임에도 두뇌의 힘으로 프랑스의 황제가 된 것처럼 유대인도 인구도 적고 국토도 작지만 두뇌의 힘으로 세계를 지배하고 있는 것이다.

리더가 되고 싶다면 독서를 하면 된다. 자녀를 리더로 키우고 싶다면 독서교육을 시작하면 된다. 독서를 통해서 삶의 지혜와 깨달음을 많이 얻어서 대안을 많이 제시할 수 있게 되면 리더가 될 수 있기 때문이다. 독서는 정직하다. 독서는 차별하지 않는다. 독서는 모든 사람에게 평등하게 기회를 준다. 독서를 통해서 폭넓은 지식과 지혜를 얻을 수만 있다면 리더가 될 수 있다.

그동안 아웃사이더로 살아왔다면 독서를 해야 한다. 그동안 항상 지시만 받고 살아왔다면 독서를 해야 한다. 언제까지 신세한탄만 하면서 다른 사람의 눈치만 보며 살 것인가? 지금부터 독서로 폭넓은 지식을 쌓아 가라. 논어에 "학문이 무르익으면 내가 알리지 않아도 자연스럽게 사람들이 알아본다"는 말이 있다. 독서를 통해서 지식이 무르익으면 주위 사람들이 자연스럽게 알아보고 조언을 구하러 올 것이다. 조언을 많이 해주는 사람이 멘토이다. 멘토가 된다는 것은 자연스럽게 리더가 된다는 것이다.

성공자
독서의
힘

POWER OF READING

01

성공자 독서에 대하여

성공자 독서는 성공자의 사고방식을 갖는 독서이다. 성공자의 사고방식을 갖는 것은 어떤 상황과 환경에서도 성공할 수밖에 없는 생각과 행동을 하는 사람이 되는 것이다. 살다 보면 정말 힘들고 어려운 순간에 직면할 때가 있다. 성공자의 사고방식을 가진 사람은 어떤 상황과 환경에서도 결코 좌절하거나 굴복하지 않는다. 아무리 힘들고 어려운 상황을 만나더라도 절대 포기하지 않고 계속 도전하여 극복하는 것이 성공자 독서의 핵심이다.

2014년 9월에 25살의 꽃처럼 아름다운 청춘이 스스로 목숨을 끊었다. 그녀는 비정규직 직원으로 성실히 근무하였다. 열심히 일하는 그녀에게 회사에서는 2년 후에는 정규직으로 전환해 주겠다고 약속하였다. 그러나 그 약속은 지켜지지 않았고 그녀는 부당하게 해고되었다. 그녀는 배신감을 이기지 못하고 스스로 목숨을 끊고 말았다.

그녀는 자라면서 부모님에게 걱정 한 번 끼친 적 없는 효녀였다고 한다. 항상 부모님께 효도하지 못해 안타까워하는 딸이었다고 한다. "엄마, 드릴 수 있는 돈이 별로 없어 죄송해요. 회사 윗분들이 2년 지나면 정규직으로 전환해 준다고 약속했으니 조금만 참으세요"라고 말하면서 정규직이 되는 날만을 손꼽아 기다렸다고 한다.

그녀에 관한 기사를 읽으면서 정말 화가 나고 안타까운 생각이 들었다. 마음이 정말 아프지만 한편으로는 이런 생각이 들었다. '그녀가 근무도 열심히 하면서 성공자 독서를 통해서 마음을 강하게 했더라면 얼마나 좋았을까? 성공자의 사고방식을 갖추어서 어떤 어려움에도 좌절하지 않고 모든 것을 극복할 수 있는 힘을 길렀더라면 얼마나 좋았을까?' 하는 마음을 감출 수가 없었다.

성공자 독서를 통해서 어떤 상황과 환경에서도 성공할 수밖에 없는 생각과 행동을 하는 사람이 되는 것은 멘탈이 강한 사람이 되는 것이다. 과거에는 지능지수를 중요하게 여겼지만 차차 감정지수를 더 중요하게 생각하게 되었다. 머리만 좋은 천재가 아니라 감정이 풍부한 따뜻한 인간미를 지닌 천재가 되어야 한다는 것이다. 최근에는 감정지수를 넘어 역경지수를 강조하고 있다. 급변하는 사회에서 아무리 힘들고 어려운 일이 일어나더라도 다 이길 수 있는 사람이 되어야 하기 때문이다.

미래 사회는 역경지수가 높은 사람이 필요한 시대이다. 세상이 어떻게 변해갈지 예측 불가능한 시대이기 때문이다. 갈수록 인간미를 잃어가는 물질만능주의 시대가 되어 메마르고 황폐한 사회가 될 가능성이 크기 때문이다. 따라서 역경을 극복하는 힘이 강한 사람이 되어야 한다. 역경지수가 높은 사람은 멘탈이 강한 사람이다. 멘탈이 강한 사람이 성공자의 사고방식을 가진 사람이다. 성공자 독서로 어떤 상황과 환경에서도 성공할 수밖에 없는 생각과 행동을 하는 사람이 되어야 한다.

성공자 독서는 위인전과 자서전과 전기를 대표로 하여 자기계발서와 동서양 CEO들에 관한 책을 포함한 모든 성공한 사람들에 대한 책을 읽는 것을 말한다. 성공한 사람들에 관한 책을 읽고 그들의 성공 방법을 배우는 것이다. 성공한 사람들에게는 특별한 것이 있다. 그들은 성공할 수밖에 없는 특별한 생각과 행동을 한다. 책을 통해 그들의 성공할 수밖에 없는 특별한 생각과 행동을 배우는 것이다.

성공한 사람들의 책을 읽으면 처음에는 좌절하게 된다. 성공한 사람들과 자신의 차이가 너무 크기 때문이다. 성공한 사람들의 책을 읽으면 도저히 오를 수 없는 높은 산 앞에 서 있는 듯한 기분이 든다. 그러나 성공한 사람들의 책을 읽고 좌절하는 것은 당연한 것이다. 성공한 사람들과 보통 사람들의 차이는 상상을 초월할 만큼 크기 때문이다. 그러나 성공한 사람들도 사람이다. 성공한 사람들이 신神이 아니라 사람이기 때문에 얼마든지 따라할 수 있다.

성공한 사람들의 책을 읽고 그들을 따라하기가 처음에는 많이 힘들겠지만 하나씩 하나씩 따라해 보면 된다. 한 명의 성공한 사람의 책을 읽고 그 사람의 성공할 수밖에 없는 생각과 행동을 따라해 보는 것이다. 그리고 또 한 명의 성공한 사람의 방법을 따라해 보는 것이다. 처음에는 많이 힘들고 벅차겠지만 서서히 그들의 방법을 따라하는 양이 많아지게 된다. 처음에는 성공한 사람들과의 차이가 하늘과 땅만큼이나 크게 느껴진다. 그러나 포기하지 않고 꾸준히 성공자 독서를 하면 언젠가는 성공자의 사고방식을 갖게 될 것이다.

임계점臨界點이라는 말이 있다. 임계점은 물이 끓는 온도를 말한다. 물은 99℃까지는 절대로 끓지 않는다. 물은 100℃가 되어야 끓는다. 100℃가 되어 물이 끓는 지점을 임계점이라고 한다. 성공자 독서도 마찬가지이다. 사람은 쉽게 변하지 않는다. 부정적인 자아와 실패자의 속성을 가진 사람이 성공자의 사고방식을 갖는다는 것은 결코 쉬운 일이 아니다. 그러나 물이 100℃가 되면 끓어오르듯이 성공자 독서도 임계점을 맞는 순간이 오면 성공할 수밖에 없는 생각과 행동을 하는 사람으로 변하게 된다.

독서의 임계점은 사람마다 다르다. 그래서 정확히 몇 권을 읽어야 임계점이 온다고 말할 수 없다. 그러나 성공자 독서를 실천하면 누구나 변할 수 있다. 사람마다 임계점을 맞는 순간은 조금씩 다르겠지만 누구나 변하고 성장할 수 있다. 나의 경우는 100권에서 처음 임계점을 맞았다.

100권을 읽으면서 고정관념이 깨지는 경험을 하였다. 100권 넘게 읽으면서 그동안 옳다고 생각한 내 생각이 틀릴 수도 있겠다는 생각이 들었고, 고정관념이 깨지면서 사람들과 좋은 관계를 유지할 수 있었다. 200권을 읽었을 때 자신감을 갖게 되었다. 성공한 사람들의 좋은 방법을 계속해서 배우고 따라하면서 점점 자신감을 갖게 되었다. 자신감을 갖게 되면서 마음의 여유가 생기게 되었고, 주변 사람의 마음이 보이기 시작하면서 세상이 아름답게 보이게 되었다.

300권을 읽고 사랑에 눈을 뜨게 되었다. 나는 진정한 사랑을 모르는 사람이었다. 그래서 나를 좋아하는 사람은 좋아하고 나를 싫어하는 사람은 싫어하면서 살아왔다. "아는 만큼 보인다"는 말이 있다. 300권 가까이 책을 읽으면서 사랑이라는 단어가 보이기 시작했다. 사랑에 눈을 뜨게 된 것이다. 사랑에 눈을 뜨면서 책 속에서 사랑이라는 단어를 발견하게 되었다. 사랑에 눈을 뜨게 되니 세상이 달라보였다. 모든 사람이 사랑스럽게 보였고 모든 만물이 사랑스럽게 다가왔다.

500권을 읽고 진정한 행복을 알게 되었다. 500권 가까이 읽으면서 인생의 진정한 의미를 깨닫기 시작했고, 인생의 진정한 의미를 깨닫게 되면서 행복감을 맛보게 되었다. 인생의 의미가 행복하게 살아가는 것에 있기 때문이다. 행복을 알게 되면서 나는 행복해지기 위해서 노력하게 되었다. 나의 가족의 행복을 위해서 살아가게 되었다. 그리고 내 주변에 있는 사람들의 행복을 위해서 살아가기 시작했다. 행복한 삶을 살아가게 되면서 항상 기쁘고 즐거운 생활을 하게 되었다.

700권을 읽고 나서는 어떤 사람을 만나도 지혜를 나누어 줄 수 있는 리더가 되었다. 리더는 많이 아는 사람이 되는 것이다. 대화를 나누다보면 어느 순간 한 사람을 중심으로 대화가 이루어지는데 많이 아는 사람을 중심으로 이루어진다. 나도 어느 순간부터 사람들에게 지혜를 나누어 주는 사람이 되었다. 지혜를 나누어 주게 되자 많은 사람들이 나를 멘토라고 부르면서 따르게 되었다. 나는 정말 지혜로운 사람이 된 것이다.

900권을 읽고 바람처럼 자유로운 사람이 되었다. 바람은 어떤 것에도 매이지 않는다. 바람처럼 자유로운 사람이 된다는 것은 집착하지 않는 것이다. 내가 할 수 있는 것은 최선을 다해서 하고 내가 할 수 없는 것은 미련을 갖지 않는 사람이 된 것이다. 이런 사람이 되자 영혼이 자유로운 사람이 되었다. 무엇에도 매이지 않고 바람처럼 자유로운 사람이 된 것이다.

1,000권을 읽고 글을 쓰는 집필능력을 갖게 되었다. 1,000권 가까이 읽은 어느 날 아침, 영감이 밀려왔다. 책을 쓸 수 있는 시나리오들이 밀려들면서 얼마나 감동했는지 모른다. 이문열 작가는 "1,000권의 책을 읽으면 베스트셀러를 쓸 수 있는 필력을 갖게 된다"고 말했다. 1,000권의 독서로 나에게도 필력이 허락된 것이다. 지금도 계속해서 영감이 떠오를 때가 많이 있다. 지금 내 컴퓨터에는 영감이 떠오를 때 기록해 둔 많은 집필 자료들이 저장되어 있다.

성공자 독서를 하면 누구나 변할 수 있다. 포기하지 않고 끝까지 노력하면 누구나 독서의 임계점을 맞게 된다. 성공자 독서의 임계점이 오면 성공한 사람들처럼 생각하고 행동하게 되어 있다. 성공한 사람들처럼 생각하고 행동하는 사람은 반드시 성공하게 되어 있다. 독서로 성공적인 삶을 산 사람으로 소프트뱅크의 손정의 회장과 이랜드의 박성수 회장, 그리고 민들레영토의 지승룡 대표가 있다.

소프트뱅크의 손정의 회장은 몸이 아파서 병원에 입원해 있는 3년 동안 4,000권의 책을 읽었다. 이랜드의 박성수 회장도 병원에서 3년 동안 3,000권의 책을 읽었다. 민들레영토의 지승룡 대표는 도서관에서 3년 동안 2,000권의 책을 읽었다. 손정의 회장과 박성수 회장 그리고 지승룡 대표는 독서의 임계점을 넘어서자 성공자의 사고방식을 갖게 되었고 성공할 수밖에 없는 생각과 행동으로 자신들의 기업을 크게 일으켜 세울 수 있었다.

독서는 시간과 양에 비례한다고 생각한다. 손정의 회장은 3년 동안 4,000권의 책을 읽고 세계적인 기업을 세울 수 있었다. 박성수 회장은 3년 동안 3,000권의 책을 읽고 대한민국에서 유명한 대기업을 세우게 되었다. 지승룡 대표는 3년 동안 2,000권의 책을 읽고 대한민국에서 가장 유명한 카페를 세우게 되었다. 공교롭게도 세 사람 중에서 같은 기간 동안 더 많은 책을 읽은 사람이 더 큰 기업을 세울 수 있었다. 독서는 시간과 양에 비례한다는 것을 입증한 사례이다.

지금 많이 힘들고 어려운 삶을 살고 있다면 성공자 독서를 시작해야한다. 어렵고 힘든 삶을 극복할 수 있는 힘은 성공자 독서에서 나오는 것이다. 자신의 생각과 방법으로는 아무리 열심히 노력해도 성공하기가 하늘의 별따기 만큼이나 어렵고 힘들다. 성공자 독서를 통해서 성공할 수밖에 없는 생각과 행동을 하는 사람으로 바뀌면 성공할 수 있다. 성공자 독서를 시작하라! 성공자 독서로 성공자의 사고방식을 갖게 되면 반드시 성공하게 될 것이다.

02
성공자 독서는 마음 경영이다

성공자 독서에서 가장 크고 중요하게 여기는 성공은 자신을 이기는 것이다. 자신을 이긴다는 것은 자신의 마음을 다스리는 것을 말한다. 성공은 마음을 경영하는 것이고, 마음을 경영한다는 것은 나를 다스리는 것이다. 성경에 "성을 빼앗는 것보다 자신의 마음을 다스리는 것이 더 어렵다"라는 구절이 있다. 마음을 다스리는 것이 그만큼 어려운 일임을 역설적으로 말해 주는 것이다. 자신의 마음을 다스리는 것이 세상에서 가장 힘들고 어려운 일이라는 것이다.

성공자 독서를 통해서 성공자의 사고방식을 갖는다는 것은 마음을 경영하는 사람이 되는 것을 의미한다. 자신의 마음을 다스리는 사람이 되는 것이다. 자신의 마음을 다스릴 수 있는 사람은 무엇이든지 다 할 수 있다. 반대로 자신의 마음을 다스리지 못하는 사람은 아무것도 할 수 없다. 사람이나 환경이 자신을 무너뜨리는 것이 아니라 자기 마음이 무너지게 하기 때문이다. 그러므로 자신의 마음을 다스리지 못하면 아무것도 할 수 없다.

성공한 사람들은 대부분 자신의 마음을 다스릴 수 있는 사람들이다. 자신의 마음을 다스릴 수 없는 사람이 어떻게 큰 성공을 이룰 수 있었겠는가? 자신의 마음을 다스리지 못하는 사람이 어떻게 다른 사람의 마음을 얻을 수 있겠는가? 자신의 마음을 다스릴 수 없는 사람은 절대로 성공할 수 없다. 동양고전은 '수기치인修己治人'의 개념을 강조한다. '수기치인'은 자기 몸을 닦고 다른 사람을 다스려야 한다는 뜻이다. '수기치인'을 다른 말로 '수신제가치국평천하修身齊家治國平天下'라고도 한다. 동양고전은 자기 몸을 닦는 것을 가장 중요하게 여겼다.

자기 몸을 닦는다는 것은 자신의 마음을 다스리는 것이다. 자신의 마음을 다스린 후에 다른 사람을 다스려야 한다는 것이다. 자신의 마음도 다스리지 못하면서 다른 사람을 다스린다는 것은 어불성설이다. 그러나 이 시대의 많은 사람들은 '수신'하지 않고 '치인'부터 하려고 한다. 아니 '치인'하면 '수신'은 저절로 된다고 생각하는 것 같다. 그러나 '수신'하지 않으면 '치인'은 절대로 되지 않는다. 성공자 독서는 '수신'하는 것이다. 성공자 독서를 통해서 성공한 사람들의 책을 읽으면 '수신'하는 방법을 배우게 된다.

성공한 사람들이 우연히 성공한 예는 거의 없다. 성공한 사람들은 성공할 수밖에 없는 그들만의 특별한 방법을 가지고 있다. 그들만의 특별한 방법이란 자신의 마음을 다스리는 것을 기본으로 한다. 자신의 마음도 통제하지 못하면서 어떻게 다른 사람의 마음을 움직일 수 있겠는가? 성공자 독서로 '수신'하는 방법을 배워야 한다. 성공한 사람들이 어떻게

'수신'하고 '치인'했는지를 배워서 그들을 따라하면 자신의 마음을 다스릴 수 있다.

많은 사람들이 정말 뛰어난 재능을 가지고 있으면서도 자신의 마음을 통제하지 못하고 무너진다. 자신의 위대한 재능을 살리지 못하고 무너지는 것을 보면 정말 마음이 아프고 안타깝다. 그들은 정말 엄청난 노력을 하여 위대한 기술과 방법을 습득하였지만 마음이 무너져서 뜻을 이루지 못하고 무너진 것이다. 그들이 위대한 기술과 방법을 배우고 익히는 동시에 '수신'하는 법을 배웠더라면 위대한 삶을 살았을 것이다.

'수신'을 배우는 가장 좋은 방법은 성공자 독서이다. 성공한 사람들에게서 '수신'의 방법을 배우는 것이 가장 빠르게 배울 수 있는 길이다. 성공자 독서로 '수신'에 성공하여 마음을 경영할 수 있게 된 사람은 큰 성공을 맛볼 수 있게 된다. 지금부터 성공자 독서를 통해서 '수신'하는 방법을 배워야 한다. '수신'을 배우면 자신의 위대한 재능이 빛을 발하게 될 것이다.

자신의 재능을 썩히면서 사람을 원망하고 세상을 원망하고 있다면 지금 당장 성공자 독서를 해야 한다. 성공자 독서로 자신의 마음을 경영할 수 있게 되면 큰 성공이 밀려오게 될 것이다. 지금부터 성공자 독서를 시작하라! 당신의 삶이 혁명적으로 바뀌고, 당신의 운명이 바뀌는 거대한 힘을 경험하게 될 것이다.

플라톤은 철인정치哲人政治를 주장했다. 그는 "철학자가 왕이 되거나 왕이 철학을 하는 국가는 행복하다"라고 하면서 철학자가 왕이 되어야 한다고 주장했다. 철학자가 왕이 되는 것이 어렵다면 왕이 철학을 하면 된다고 주장하였다. 철인정치가 실현되면 모든 구성원이 행복하게 된다는 것이다. 여기서 말하는 철학자는 누구나 될 수 있다. 철학자 하면 심오한 진리를 깨달은 사람처럼 생각된다. 그러나 철학자라고 해서 심오한 진리를 깨달은 사람만을 말하는 것은 아니다. 독서하는 모든 사람이 철학자이다.

철학의 사전적 의미를 살펴보면 "필로소피philosophy라는 말은 원래 그리스어의 '필로소피아philosophia'에서 유래했으며, 필로philo는 '사랑하다, 좋아하다'라는 뜻의 접두사이고 소피아sophia는 '지혜'라는 뜻이며, 필로소피아는 지知를 사랑하는 것, 즉 '애지愛知의 학문'을 말한다"라고 되어 있다. 철학이 지혜를 사랑하는 것이기 때문에 철학을 한다는 것은 지혜를 얻기 위해서 하는 모든 독서를 말하는 것이다. 철학을 하는 것은 심오한 진리를 연구하는 것과 사소하고 쉬운 생각을 정리해 나가는 것을 포함한다. 따라서 철학을 하는 것은 철학책을 포함한 모든 책을 읽고 생각을 정리해 나가는 것이다.

플라톤이 철학자가 왕이 되어야 한다고 주장한 이유는 철학이 생각을 정리하는 것이기 때문이다. 철학은 생각을 정리하는 것이지만 생각은 쉽게 정리되는 것이 아니다. 생각을 정리하려면 깊은 사고의 훈련이 필요하다. 깊은 사고의 훈련을 통해서 생각이 깊어진 사람은 말과 행동이 신중해지고, 말과 행동이 신중해진 사람이 통치하면 모든 사람을 사랑하고 배려하게 된다. 그런 통치자의 사랑과 배려를 받는 백성은 행복한 삶을 살게 되는 것이다.

철학을 통해서 생각이 깊어진 사람은 마음이 정리된 사람이다. 마음이 정리된 사람은 마음을 경영하게 된다. 따라서 철학을 한다는 것은 마음을 경영하는 것이다. 마음을 경영할 수 있는 사람이 지도자로 있는 곳의 구성원들은 행복하게 된다.

국가의 통치자가 마음을 경영하면 모든 국민이 행복하게 되고, 기업의 대표가 마음을 경영하면 기업의 구성원이 행복하게 된다. 부모가 마음을 경영하면 자녀가 행복하게 되고, 학교장이 마음을 경영하면 학생이 행복하게 된다. 군대의 지도자가 마음을 경영하면 군인들이 행복하게 되고, 경찰의 지도자가 마음을 경영하면 모든 경찰이 행복하게 되는 것이다.

03
성공을 부르는 성공자 독서

많은 사람들이 성공하기를 원한다. 그러나 성공하는 사람은 매우 적다. 그 이유는 성공하는 방법을 모르기 때문이다. 성공하는 방법을 모른 채 자신의 방법대로 죽도록 열심히 노력하지만 실패와 좌절만 반복하게 될 뿐이다. 실패할 수밖에 없는 자신의 방법을 반복하면서 절망에 빠져 방황하는 것이다.

많은 사람들이 실패자의 삶을 살고 있는 것을 보면 참으로 가슴이 아프다. 내가 사는 지역에도 새로 생겼다가 불과 몇 개월 사이에 문을 닫는 가게들이 많다. 가게를 시작하면서 인테리어도 새로 하고 집기들도 새로 사서 비용이 만만치 않게 들었을 텐데 한두 달 만에 문을 닫는 것을 보면 정말 마음이 아프다. 나는 그런 가게들을 보면서 '가게를 시작하기 전에 성공하는 방법을 먼저 배워야 하는데! 성공을 배워서 성공할 수밖에 없는 방법으로 시작했으면 좋았을 텐데!' 하고 속으로 아쉬워하곤 한다.

성공자 독서가 성공을 부른다. 성공자 독서가 성공을 이끌어 준다. 성공자 독서는 성공할 수밖에 없는 생각과 행동을 하는 사람으로 바꿔 주기 때문이다. 성공자 독서로 성공하는 방법을 배우고 나면 무엇을 하든 성공할 수 있다. 그러나 성공자 독서를 하지 않고 성공하는 방법을 배우지 않으면 천재적인 재능을 갖고 있어도 실패자의 삶을 살게 된다. 뛰어난 재능을 갖고 있어도 결국 그 재능을 활용하지 못하기 때문이다.

천재적인 재능을 갖고 있으면서도 성공자의 인생을 살지 못하고 실패자의 인생을 산 대표적인 사람으로 고흐^{Vincent van Gogh}가 있다. 고흐는 누구나 알고 있듯이 천재적인 화가이다. 그러나 고흐는 천재적인 재능을 가지고서도 평생을 동생인 테오에게서 도움을 받으며 살았다. 그는 실패자의 인생을 살면서도 변하기 위해서 노력하지 않았다. 실패할 수밖에 없는 자신의 생각과 방법만을 고집하다가 평생 비참한 실패자의 삶을 살았다.

반면에 피카소^{Picasso}는 성공적인 인생을 살았다. 피카소가 성공적인 인생을 살았던 이유는 그가 성공하는 방법을 알았기 때문이다. 피카소도 고흐와 같이 천재적인 재능을 갖고 있었다. 고흐와 달리 피카소는 성공하는 방법을 알았기 때문에 자신의 천재적인 재능을 마음껏 발휘하면서 살았다. 그가 천재적인 재능을 썩히지 않고 잘 활용해 성공적인 인생을 살게 된 것은 성공자의 사고방식을 가지고 있었기 때문이다. 그는 어떤 상황과 환경에서도 성공할 수밖에 없는 생각과 행동을 하는 사람이었기 때문이다. 피카소는 평생 동안 천문학적인 금액의 재산을 모았을 뿐만 아니라 많은 사람들의 사랑과 존경을 받으면서 살았다. 이는 피카소가 성공자의 사고방식을 가진 사람이었음을 증명해 준다.

피카소가 어떻게 해서 성공자의 사고방식을 갖게 되었는지는 정확히 알려져 있지 않다. 그렇다고 그가 우연히 성공한 것은 아니다. 피카소는 브라크^{Braque}라고 하는 화가와 입체파에 가입해서 활동하였고 프랑스가 독일에 점령된 후에는 공산당에 가입해 활동하였다. 이것은 피카소가 혼자 지내지 않고 많은 사람들과 왕성한 교류를 하면서 지냈음을 보여 준다. 피카소가 성공적인 인생을 살 수 있었던 것은 그가 성공한 사람들과도 많은 교류를 했기 때문이다. 성공자의 사고방식은 우연히 만들어지지 않기 때문이다. 피카소는 성공한 사람들과 교류하면서 그들만의 특별한 방법을 체득하고 활용하였다.

피카소가 성공한 사람들에게서 배운 것을 활용하여 성공적인 삶을 살아간 반면, 고흐는 점진적으로 사람들과의 관계를 멀리했다. 고흐는 천재적인 재능을 가졌지만 자신만의 세계에 갇혀서 살았다. 성공은 사람들과의 관계에서 나오는 것인데 고흐는 자신만의 세계가 너무 강한 사람이었다. 그래서 사람들과 원만한 관계를 이루지 못하고 항상 갈등하게 되었고 자신을 이해하지 못하는 사람들과 점점 멀어지게 되었다. 고흐는 천재적인 자신의 재능을 꽃피우지 못하고 평생 가난하고 비참하게 살다가 37세의 짧은 생을 마치고 세상을 떠났다.

현재의 삶에서 벗어나고 싶다면 성공자 독서를 해야 한다. 성공자 독서는 현재의 삶에서 벗어나게 해 주는 최고의 무기이기 때문이다. 성공자 독서가 현재의 삶에서 벗어나게 해 주는 것은 자신의 생각의 한계에서 벗어나게 해 주기 때문이다. 자신의 생각의 한계에 갇혀 사는 사람은 절대로 더 나은 삶을 살 수가 없다. 생각이 바뀌지 않는 한 말과 행동은 절대로 변하지 않기 때문이다. 성공자 독서를 하여 자신의 생각의 한계에서 벗어나 성공할 수밖에 없는 가장 좋은 방법을 따라서 실천하면 누구나 성공적인 삶을 살 수 있게 된다.

논산에서 어울림평생교육원을 운영하고 계시는 김영란 원장님과 인문학교실을 함께 진행하면서 성공자 독서를 실천하고 있다. 원장님은 성공자 독서를 실천하기 전에는 홍보하는 방법을 몰라서 자신의 방법대로만 교육원을 운영했었다. 그러나 성공자 독서를 통해 성공할 수밖에 없는 특별한 방법을 배우기 시작하면서 홍보에도 성공을 거두고 있다. 성공자 독서를 하기 전에는 소극적인 방법으로 홍보하였으나 성공자 독서를 한 후에는 적극적으로 홍보에 임하고 있다.

논산은 인구 12만의 작은 도시이다. 그렇기 때문에 지역의 거의 모든 사람들끼리 친분이 있다. 원장님도 지역의 유지들과 많은 친분을 형성하고 있다. 전에는 지역 유지들과의 친분을 잘 활용하지 못했지만 지금은 서서히 활용해 가고 있다. 잘 알고 지내던 신문사 기자를 초청해서 인문학교실의 수업 내용을 신문 기사화해서 홍보하기도 하고 지역 유지들을 초청해서 함께 인문학교실에 참여하게 하여 장점들을 보여 주는 등 홍보의 달인이 되어 가고 있다. 성공자 독서가 원장님을 홍보의 달인으로 만들어 주고 있는 것이다.

김영란 원장님은『사랑을 연습하세요』라는 시집을 출간한 시인이기도 하고 많은 곳에서 활발하게 강연활동을 하시기도 한다. 원장님은 성공자 독서를 통해서 성공자의 사고방식을 갖게 되면서 점점 활동 반경을 넓혀 가고 있다. 2014년 12월 3일에는 논산인문학교실에서 주관하는 '논산시 북데이'를 진행하였다. 논산시청과 공동으로 기획하는 행사에서 독서 강연과 7080콘서트를 동시에 진행하였다.

'논산시 북데이' 행사에 입장하는 조건으로 책을 한 권씩 가지고 와야 한다. 천 명이 입장하면 천 권의 책이 모아지고 이천 명이 입장하면 이천 권의 책이 모아지게 된다. 그렇게 모아진 책을 논산시의 독서 문화 발전을 위해서 기부하였다. 김영란 원장님은 성공자의 사고방식을 가지게 되면서 생각이 크고 위대하게 변하게 되었다. 현재 논산시에 인문학의 저변이 확대될 수 있도록 하기 위해서 멋지게 활동하고 계신다. 앞으로 원장님은 논산시의 멋진 리더로 성장할 것이다.

힘들고 어려운 상황을 만나면 성공을 조급하게 서두르는 사람들이 있다. 그러나 힘들고 어려운 상황에서 벗어나기 위해서는 절대로 서둘러서는 안 된다. 힘들고 어려운 상황을 이겨내려고 하는 것은 좋지만 절대로 급하게 서둘러서는 안 된다. 충분한 준비를 해야 한다. 성공할 수밖에 없는 방법을 찾을 때까지 잠깐 멈춰야 한다. 인생을 살면서 시행착오를 겪지 않을 수는 없지만 반복해서는 안 된다. 시행착오는 큰 대가를 지불하게 만들기 때문에 절대로 반복해서는 안 된다.

많이 힘들고 어려울수록 잠시 모든 것을 내려놓고 성공자 독서를 시작해야 한다. 지금 많이 힘들고 어려운 길을 걷고 있다면 먼저 성공자 독서를 통해서 성공하는 방법을 배워야 한다. 성공하는 방법을 배우면 누구나 성공적인 삶을 살 수 있기 때문이다.

성공자 독서가 시간을 낭비하는 것이라고 생각할 수도 있겠지만 절대로 그렇지 않다. 지금 당장은 시간을 낭비하는 것처럼 보일 수도 있겠지만 인생을 멀리 보면 절대로 시간을 낭비하는 것이 아니다. 어렵고 힘든 상태에 있다면 성공자 독서를 시작하라! 지금 바로 성공자 독서를 시작하라! 성공자 독서가 당신을 성공으로 이끌어 줄 것이다.

04
자신감을 부르는 성공자 독서

성공한 사람들은 자신감으로 가득한 사람들이다. 성공은 우연의 산물이 아니다. 성공한 사람들은 성공할 수밖에 없는 필수요소를 가지고 있다. 그 필수요소 중 하나는 자신감이다. 대부분의 성공한 사람들은 자신감으로 가득하다. 그들은 자신감으로 가득하다 못해 뜨겁게 불타오른다. 성공한 사람들은 실패한다는 생각은 조금도 하지 않는다. 오직 성공한다는 신념으로 가득하다. 실패한다는 생각이 들어도 불타는 자신감으로 가볍게 극복해낸다. 성공한 사람들은 자신감과 열정으로 불타오르는 사람들이기 때문이다.

성공한 사람들이 자신감과 열정으로 불타오르기 때문에 교만한 사람으로 오해를 받는 경우도 있다. 자신감 있는 사람이 교만하게 보이기도 하지만 그것은 교만이 아니라 성공한 사람에게서 볼 수 있는 특별한 모습일 뿐이다. 성공한 사람들에게서 나오는 특별한 자신감인 것이다.

성공한 사람들의 자신감을 자칫 자만심으로 오해하기도 한다. 그러나 자신감과 자만심에는 많은 차이가 있다. 자신감은 준비된 사람에게서 나오는 것이고, 자만심은 준비된 것이 없는 허세뿐인 사람에게서 나오는 것이다. 자신감은 오랜 시간 동안 자신의 분야에서 갈고 닦은 실력이 무르익었을 때 나오는 것이다. 그래서 자신감은 마음의 여유를 가져온다. 많은 준비가 되어 있으니 자신의 일에 대한 확신과 노하우가 많아서 여유 있는 모습을 갖게 되는 것이다.

반대로 초보자들은 여유가 없고 항상 서두르는 경향이 많다. 초보자들은 준비되어 있지 않아서 항상 당황하게 된다. 어떻게 해야 하는지도 모르고 무엇을 해야 하는지도 몰라서 조바심을 내게 되는 것이다. 그래서 오래 지켜보지 않아도 그 사람의 태도를 보면 숙련된 사람인지 초보자인지를 구분할 수 있다. 실패하는 사람들을 보면 대부분 조바심을 내기 때문에 실패하게 된다. 어떤 일이든지 성공적으로 수행하기 위해서는 멀리 보고 넓게 보는 안목이 필요하지만 실패자들은 조급하게 서두르다가 일을 그르치게 되는 것이다.

자만심이 가득한 사람도 있다. 준비된 것은 전혀 없으면서 무엇이든지 할 수 있다고 생각하는 것이 자만심이다. 대부분의 자만심은 근거 없는 자신감이다. 생각으로는 무엇이든지 다 할 수 있다. 그러나 생각과 실제는 전혀 다르다. 어떤 일에 대한 경험과 준비가 전혀 되어 있지 않으면서 무모하게 도전하는 사람들은 대부분 실패를 경험하게 된다. 간혹 무모하게 도전해서 성공하기도 하지만 오래가지 못하고 무너지게 된다.

자신감과 자만심을 구분해야 한다. 자기가 하는 일이 오랜 경험과 연습에 의해서 준비된 것인지 아닌지는 다른 사람은 몰라도 자신은 안다. 무모한 자만심으로 실패를 반복하지 말고 시간이 걸리더라도 철저하게 준비하고 경험을 쌓아서 진정한 자신감을 길러야 한다. 그 길이 처음에는 시간이 많이 걸리고 느리게 가는 것 같지만 시행착오를 줄일 수 있기 때문에 결국은 빠른 길이 된다.

지금 성공에 대한 목마름으로 서두르고 있다면 일단 멈춰야 한다. 잠시 멈춰 서서 자신의 도전이 자신감에서 비롯된 것인지 아니면 자만심에서 비롯된 것인지를 돌아봐야 한다. 그래서 준비된 자신감에서 비롯된 것이라면 도전하고 자만심에서 나온 것이라면 멈춰야 한다. 그래야 반복된 실패자의 삶에서 벗어나 성공자의 삶으로 갈 수 있다. 진정한 자신감이 준비되면 성공이 그대를 기다리고 있을 것이다.

그동안 실패자의 삶을 살았다면 성공자 독서를 통해서 자신감을 길러야 한다. 실패자들의 가장 큰 특징은 자신감 부족이다. 자신감이 부족하기 때문에 매사에 적극적이지 못하고 도전정신도 없다. 도전정신이 없으니 머뭇머뭇하다가 좋은 기회를 날려버리게 된다. 가끔 용기를 내어 도전해 보지만 자신감이 부족해서 시련이 닥치면 쉽게 포기해 버린다. 이런 사람을 볼 때마다 정말 마음이 아프다. 자신감이 없다면 지금부터 간절한 마음으로 성공자 독서를 하라! 성공자 독서가 당신에게 자신감을 선물할 것이다.

자신감이 없는 사람들에게서 가장 크게 나타나는 것은 두려움이다. "가장 큰 용기는 두려움을 극복하는 것이다"라는 말이 있다. 두려움을 극복하는 것이 가장 큰 자신감이라고 할 만큼 두려움은 정말 크게 다가

오기도 한다. 그러나 자신감이 없는 사람들은 두려움에 떨면서 살지만 대부분의 두려움은 근거가 없는 두려움이다. 실체가 없는 것을 두려워하는 것이다.

대부분의 두려움은 걱정으로 나타나기도 한다. 그래서 '걱정을 사서 한다'는 말이 있는 것이다. 그러나 우리가 걱정하는 것들은 대부분 일어나지 않는다고 한다. 심리학자 어니 젤린스키[Ernie J. Zelinski]는 "우리가 하는 걱정거리의 40%는 절대 현실에서 일어나지 않을 사건들에 대한 것이고, 30%는 이미 일어난 사건들, 22%는 사소한 사건들, 4%는 우리가 바꿀 수 없는 사건들에 대한 것이다"라고 말했다. 그의 말에 의하면 우리의 걱정거리 중 96%는 쓸데없는 것이고 나머지 4%는 걱정할 필요가 없는 것이다. 이것은 걱정할 필요가 전혀 없다는 말이다. 걱정하지 말고 자신감을 가지고 살아도 된다는 것이다.

자신감을 가지고 살아야 하지만 두려움이 일어나지 않을 수는 없다. 두려움이 가장 크게 일어나는 것은 경험이 없는 일을 할 때이다. 누구나 처음 도전하는 일에는 경험해 본 적이 없기 때문에 두려운 마음이 생긴다. 그래서 모든 첫 경험은 아프고 오래 기억에 남는다. 그러나 우리가 성공하는 삶을 살기 위해서는 경험이 없는 일도 두려워해서는 안 된다.

두려움은 경험 부족에서 나오는 것이기도 하지만 한 번도 성공해 본 경험이 없기 때문이기도 하다. 성공한 경험이 전혀 없기 때문에 두려운 것이다. 한 번도 성공한 적 없고 성취감을 느껴본 적도 없고 어떤 힘을 가져본 적도 없기 때문에 자신감 없이 매사에 두려워하는 것이다. 그래서 성공 경험은 정말 중요하다. 성공 경험은 크기와는 상관없다. 작은 성공이라도 경험해 본 사람은 자신감을 갖고 모든 일에 임할 수 있기 때문이다.

성공한 적이 없거나 처음 도전하는 일에 두려움을 갖지 않기 위해서는 성공자 독서를 해야 한다. 성공한 사람들의 경험을 통해서 간접경험으로 자신감을 가져야 한다. 모든 것을 경험함으로써 자신감을 쌓아갈 수는 없다. 모든 것을 경험하기에는 시간도 부족하고 대가도 많이 지불해야 하기 때문이다. 첫 경험의 두려움도 성공자 독서를 통해서 얼마든지 이겨낼 수 있다.

결국 자신감은 마음의 문제이다. 마음이 강해지면 자신감이 생기게 되어 있다. 독서는 마음의 양식이라고 한다. 성공자 독서를 통해서 마음이 강해지면 자신감도 강해진다. 지금 두려움 때문에 아무것도 못하고 망설이고 있다면 성공자 독서를 하라! 성공한 사람들의 성공 경험을 통해서 자신감을 기를 수 있다. 그대가 성공자 독서를 통해서 자신감을 기를 수만 있다면 그대의 삶도 최고의 삶이 될 것이다. 성공자 독서를 지금 바로 시작하라! 그대의 삶이 위대한 삶으로 바뀌게 될 것이다.

도전과 극복 정신의 성공자 독서

성공한 사람들은 어떤 환경에서 자랐을까? 성공할 수밖에 없는 환경에서 자랐을까? 성공한 사람들의 대부분은 힘들고 어려운 환경을 극복하여 성공을 이루었다. 세계적인 인물들의 70%가 불우한 가정환경에서 자랐다. 나도 독서에 입문하기 전에는 그들이 다 좋은 환경에서 태어났고 머리도 천재적으로 좋아서 승승장구하다가 세계적인 인물이 되었다고 생각했다. 그러나 그것은 몰라도 너무 모르는 것이었다.

세계적인 인물들의 70%가 불우한 가정환경에서 태어났지만 그들은 환경에 굴복하지 않았다. 오히려 어려운 환경을 성공의 계기로 삼았다. 힘들고 어려운 가시밭길의 연속이었지만 아무리 힘들고 어려워도 절대로 포기하지 않았다. 도전하고 극복하였다. 사람의 힘으로는 감당할 수 없는 것들도 도전하고 또 도전해서 모두 극복하였다.

세계적인 인물들이 최고의 자리에 오르게 된 것은 그들에게 '도전과 극복 정신'이 있었기 때문이다. '도전과 극복 정신'은 어떤 장애물이 앞을 가로막아도 절대로 포기하지 않고 끝까지 도전하는 정신이다. 끝까지 도전해서 모든 것을 극복해내는 정신이다. '도전과 극복 정신'은 성공한 사람들에게서 공통적으로 나타나는 정신이기도 하다.

'도전과 극복 정신'을 실천한 인물 중에서 대표적인 사람은 헬렌 켈러 Helen Adams Keller 이다. 헬렌 켈러는 삼중고三重苦를 겪었다. 삼중고는 보지도 못하고 듣지도 못하고 말하지도 못하는 것을 의미한다. 헬렌 켈러는 앞을 볼 수도 없고 들을 수도 없고 말할 수도 없는 고통을 겪었다. 그녀는 삼중고를 겪으면서 짐승처럼 살 수밖에 없었다. 누구와도 소통할 수 없으니 짐승처럼 살 수밖에 없었던 것이다.

헬렌 켈러는 불만이 있거나 요구 조건이 있으면 울부짖었을 것이다. 볼 수 없으니 사람이 어디에 있는지도 모르고, 들을 수 없으니 인기척도 알 수가 없고, 말할 수 없으니 부를 수도 없었을 것이다. 따라서 불만이나 필요한 것이 있으면 짐승처럼 울부짖을 수밖에 없었을 것이다. 실제로 헬렌 켈러는 짐승 같은 삶을 살았다.

이렇듯 아무런 희망이 없었던 헬렌 켈러가 설리반 Sullivan 선생님을 만나게 되면서 극적인 반전을 이루게 되었다. 시력을 잃은 적이 있었던 설리반 선생님은 헬렌 켈러의 고통을 누구보다도 잘 알고 이해하였다. 그래서 설리반 선생님은 헬렌 켈러의 마음을 어루만지면서 그녀를 양육하게 되었다.

헬렌 켈러는 설리반 선생님을 만나기 전까지 짐승처럼 울부짖거나 자신이 하고 싶은 대로 하면서 살았다. 그러나 설리반 선생님이 오면서 더 이상 그렇게 하지 못하게 했다. 가장 먼저 못하게 한 것이 손으로 식사하는 것이었다. 헬렌 켈러는 맛있는 음식이 있으면 자기 음식이 아니어도 아무거나 다 먹어 버렸다. 못 먹게 하면 짐승처럼 울부짖으니 말릴 수도 없었다. 손으로 식탁 위에 놓인 모든 음식을 먹으면서 지내왔던 것이다.

설리반 선생님은 손으로 음식을 먹으면 제대로 된 사람이 될 수 없다고 생각해 손으로 식사하는 것을 금지시켰다. 그러자 헬렌 켈러는 말할 수 없이 거칠게 반항하면서 설리반 선생님을 물어뜯고 할퀴고 울부짖었다. 그러나 설리반 선생님은 지지 않았다. 그 과정이 정말 힘들고 어렵기는 했지만 결국 손으로 음식을 먹는 버릇을 고치게 되었고, 음식을 손으로 먹지 않게 되자 본격적인 교육에 들어가게 되었다.

먼저 헬렌 켈러를 수돗가로 데리고 가서 차가운 물을 손으로 느끼게 하고는 손바닥에 물이라는 단어를 적어 주었다. 물론 한 번 적어 주었다고 해서 헬렌 켈러가 곧바로 인지한 것은 아니었다. 셀 수 없이 많은 반복을 한 후에 인지하게 되었다. 물이라는 단어를 인지하게 된 방법으로 글자를 하나씩 하나씩 익히고 결국에는 독서를 하게 되었다. 헬렌 켈러는 점자로 독서했는데 책의 점자가 다 닳아서 읽을 수 없게 될 때까지 반복해서 읽었다.

헬렌 켈러는 독서를 통해서 세상을 배우게 되었다. 눈과 귀와 입으로는 배울 수 없었지만 손가락을 통해서 마음으로 세상을 알아가게 된 것이다. 이렇게 시작한 공부로 결국 하버드 대학에 진학하게 되었고 하버드를 졸업한 후에는 세계적인 동기부여 전문가가 되어 전 세계를 다니면서 꿈과 희망을 전하는 사람이 되었다. 또한 어려운 이웃을 돕는 자선사

업가로 일생을 보냈다.

이 세상에 헬렌 켈러보다 더 힘들고 어려운 상황에 처해 있는 사람이 있을까? 물론 있을 수도 있지만 헬렌 켈러처럼 그 모든 어려움을 극복하고 이겨낸 사람이 있을까? 헬렌 켈러가 도전하고 극복한 과정은 그 누구보다고 힘들고 어려웠을 것이다. 장애가 없는 일반 사람들도 공부하고 독서하는 것이 어려운데 헬렌 켈러에게는 얼마나 힘이 들었겠는가? 그러나 헬렌 켈러는 힘들고 어려운 모든 것을 극복하고 세계 최고의 대학에 진학하였다.

헬렌 켈러가 해냈다면 이 세상에 못 할 사람은 아무도 없다. 헬렌 켈러에 비한다면 사람들은 모두 천재이기 때문이다. 맹자^{孟子}에 '불위야 비불능야$^{不爲也, 非不能也}$' 즉, '하지 않는 것이지 하지 못하는 것이 아니다'라는 말이 있다. 헬렌 켈러가 노력한 것처럼 한다면 모든 사람이 할 수 있을 것이다. 헬렌 켈러가 포기하지 않고 이겨낼 수 있었던 것은 독서의 힘이었다. 독서를 통해서 위대한 사람들의 '도전과 극복 정신'을 배울 수 있었기 때문에 가능했던 것이다.

대부분의 성공한 사람들은 '도전과 극복 정신'의 신화 같은 삶을 살았다. 그들 중에서 쉽게 성공을 거둔 사람은 거의 없다. 그리고 성공하면 할수록, 올라가면 올라갈수록 그들에게는 더 많은 시련이 있었다. "천석꾼에게는 천 가지 고민이 있고 만석꾼에게는 만 가지 고민이 있다"는 말처럼 위로 올라갈수록 관계되는 일과 사람이 많아지면서 힘들고 어려운 일들이 더 많아지게 된다. 높이 올라갈수록 힘들고 어려운 일이 전혀 없을 것 같지만 현실은 정반대이다. 그들에게도 죽고 싶을 만큼 큰 어려움과 고난이 연속적으로 다가온다.

성공한 사람들의 인생도 고난과 아픔의 연속이다. 대통령이라고 좋은 일만 있는 것도 아니고 대기업의 회장이라고 해서 좋은 일만 있는 것도 아니다. 어떤 분야에서든지 가장 높은 위치에 올랐다고 해서 좋은 일만 있는 것은 아니다. 최고가 되면 그만큼 책임질 일들이 많아지기 때문에 힘들고 어려운 일이 계속된다. '도전과 극복 정신'은 어떤 상황과 환경에서도 절대 포기하지 않는 불굴의 의지이다. 그들은 강인한 정신력으로 모든 것에 도전하고 극복하였다.

'도전과 극복 정신'을 실천한 또 다른 인물 중에 오바마^{Obama} 미국 대통령을 꼽을 수 있다. 오바마의 아버지는 아프리카 케냐 사람이다. 오바마의 아버지는 미국의 하와이로 유학을 왔는데 유학 도중에 백인인 오바마의 어머니를 만났다. 오바마의 아버지는 유학을 마친 후에 어머니와 오바마를 남겨 두고 케냐로 돌아가 버렸다. 오바마의 아버지가 무책임하게 오바마와 어머니를 버린 것은 아니다. 케냐는 일부다처제가 허용되는 나라였다. 오바마의 아버지에게는 케냐에 이미 두 명의 부인이 있었다. 그래서 미국에 한 명의 부인을 더 두는 것이 흠이 되는 일은 아니었던 것이다.

오바마의 어머니는 오바마를 아버지 없이 기를 수 없어서 재혼을 했는데 인도네시아 사람과 했다. 오바마의 어머니는 재혼한 남편이 공부를 마치자 오바마와 함께 인도네시아로 갔다. 그러나 인도네시아에서 오바마는 적응을 잘 못하였다. 인도네시아에서 사용하는 언어도 다르고 피부색도 달라서 적응하는 것이 많이 어려웠기 때문이다. 오바마의 어머니는 아들의 장래를 위해서 오바마를 어쩔 수 없이 미국으로 돌려보냈다. 오바마는 아버지와 어머니 없이 외할아버지와 할머니와 함께 생활하였다.

오바마의 학창 시절은 어땠을까? 오바마는 백인들이 다니는 학교에 다녔다. 그 학교에서 흑인은 오바마와 여학생 한 명이 전부였다. 오바마는 학교에 잘 적응했을까? 피부색이 다른 오바마는 많은 차별과 따돌림 속에서 생활해야 했다. 학교생활은 결코 쉽지 않았다. 오바마는 많은 어려움 때문에 고등학교에 다닐 때에는 잠깐 방황을 하기도 하였다. 그러나 오바마에게는 아무리 힘들고 어려워도 절대 포기하지 않고 도전해서 극복하는 '도전과 극복 정신'이 있었다.

오바마는 힘들고 어려운 시절을 독서로 이겨내었다. 독서를 통해 수없이 많은 위인들의 위대한 정신을 본받으면서 자연스럽게 도전과 극복 정신을 기를 수 있었다. 오바마는 많은 어려움이 있었지만 '도전과 극복 정신'으로 결국 미국 최초의 흑인 대통령이 되었다. 오바마 대통령은 대통령에 오르기까지 수없이 많은 어려움이 있었지만 독서를 통해서 기른 도전과 극복의 정신으로 이겨내었던 것이다.

오바마의 도전의 역사는 결코 쉽지 않았다. 오바마가 얼마나 어려운 과정을 극복했는지 비유를 통해 설명해 보겠다. 필리핀의 노동자가 한국에 와서 일하다가 한국 여자와 결혼을 했다. 아들을 낳은 후에 아내와 함께 필리핀으로 돌아갔다. 혼자 남겨진 아들은 엄마와 아빠 없이 외할아버지와 외할머니 밑에서 자라게 되었다. 외할아버지와 외할머니 손에서 자란 다문화 가정의 아이가 자라서 대한민국의 대통령이 되었다고 가정해 보자. 이것이 가능한 일이겠는가? 설령 가능하다고 하더라도 그 과정이 얼마나 힘들고 어렵겠는가? 아마 상상할 수도 없는 고통이었을 것이다. 인간의 힘으로는 극복할 수 없는 어마어마하게 큰 고통의 연속이었을 것이다.

오바마에게도 상상을 초월하는 어려움과 고통이 뒤따랐다. 그러나 오바마는 '도전과 극복 정신'으로 모두 극복해냈다. 힘들고 어려운 모든 일들을 불굴의 의지로 도전해서 극복하였다. 성공자 독서는 '도전과 극복 정신'을 기를 수 있는 가장 좋은 도구이다. 성공한 사람들 대부분이 '도전과 극복 정신'의 소유자들이었기 때문이다. 성공자 독서를 통해서 알게 된 모든 성공한 사람들은 사람의 힘으로는 도저히 감당할 수 없는 엄청난 고통을 다 극복하였다. 그들에게는 아무리 힘들고 어려운 상황이 닥치더라도 절대 포기하지 않고 절망하지 않는 특별한 정신이 있었다. 바로 '도전과 극복 정신'이다.

살다 보면 우리 인생길에 평탄한 길만 놓여 있지 않다. 때로는 정말 힘들고 어려운 일을 마주하게 된다. 때로는 삶의 모든 소망이 끊어져 모든 것을 놓아버리고 싶을 때도 있다. 풍랑이 몰아치기도 하고 비바람이 앞길을 막기도 한다. 거센 파도가 몰려와 모든 것을 부셔버리기도 한다. 대부분의 사람들이 한 번쯤은 이런 일을 겪기도 하는데 그럴 때 사람들은 한 번 정도는 죽고 싶다는 생각을 하기도 한다. 이런 상황이 되면 무엇을 해야 할지, 어떻게 해야 할지를 몰라서 방황을 하게 된다. 그저 죽고 싶은 생각만 가득하게 된다.

그럴 때 필요한 것이 '도전과 극복 정신'이다. '도전과 극복 정신'은 성공한 사람들에게만 나타나는 특별한 정신이다. 어떤 상황과 환경에서도 성공할 수밖에 없는 생각과 행동을 하게 만드는 것이 '도전과 극복 정신'이다. 성공자 독서가 필요한 이유가 바로 이것이다. '도전과 극복 정신'을 기르기 위해서이다. '도전과 극복 정신'을 길러서 어떤 상황과 환경에서도 절대 포기하지 않고 계속 도전하고 또 도전해서 모든 것을 극복해 나가는 것이다. 성공자 독서가 '도전과 극복 정신'을 길러주는 핵심 요소이다.

몇 년 전, 지방에 사는 한 학생이 스스로 목숨을 끊었다. 그 학생이 남긴 유서에는 안타깝게도 '더 이상 버틸 힘이 없다'라고 적혀 있었다. 유서 내용을 보면 참 가슴이 아프다. 이 학생은 성적이 최상위권이었다. 공부를 잘했으면서도 최상위권에서 밀려나는 것이 두렵고 죽기보다 싫었다고 했다. 그러나 더 이상 버틸 수 있는 힘이 없어서 결국 극단적인 방법을 선택하고 말았다. 나는 이 학생이 공부만 하지 않고 성공자 독서를 많이 했다면 그런 선택을 하지 않았을 거라고 생각한다. 학생의 부모나 선생님이 공부만 강요하지 않고 성공자 독서를 병행하게 했다면 달라졌을 것이라고 생각한다. 학생이 성공자 독서를 통해 '도전과 극복 정신'을 길러서 '아! 세계적인 인물들도 다 힘들었구나! 나도 아무리 힘들어도 그들처럼 도전과 극복의 정신으로 살아야겠다!'라고 마음먹었더라면 다른 선택을 했을 것이다.

지금 삶의 소망이 끊어져 절망하고 있다면 성공자 독서를 해야 한다. 지금 넘어져서 일어나지 못하고 있다면 성공자 독서를 해야 한다. 지금 죽고 싶을 만큼 힘들고 어려운 상황에 빠져 있다면 성공자 독서를 해야 한다. 성공자 독서를 통해 '도전과 극복 정신'을 기르면 모든 것을 이겨 낼 수 있다. 현재 어떤 상황에 처해 있느냐는 중요하지 않다. 어떤 정신을 가지고 있느냐가 더 중요하다. 성공자 독서로 '도전과 극복 정신'을 기를 수만 있다면 당신의 미래는 활짝 열릴 것이다. 지금 당장 성공자 독서를 시작하라! 그러면 당신의 운명을 바꾸는 거대한 힘을 마주하게 될 것이다.

06
인생역전, 성공자 독서로 시작하라

사람들은 성공에 대해서 부정적인 시각을 갖고 있다. "사촌이 땅을 사면 배가 아프다"는 말처럼 성공한 사람들을 생각하면 괜히 배가 아프고 부정적인 생각이 들기 때문이다. 그리고 성공한 사람들은 왠지 좋지 않은 방법으로 성공했을 것 같은 생각이 들기 때문이다. 그러나 성공을 부정적으로 생각해서는 안 된다. 내가 성공을 부정적으로 생각하면 성공은 절대로 나에게 오지 않는다.

돈도 마찬가지이다. 내가 돈을 싫어하고 돈에 대해서 부정적인 인식을 갖고 있으면 돈은 절대로 나에게 오지 않는다. 사람도 자신을 싫어하고 미워하는 사람은 부담스러워하고 자신을 좋아하고 사랑해 주는 사람과 함께하고 싶어 한다. 돈이나 성공도 자신을 싫어하고 미워하는 사람은 피하고 싶어 하고 자신을 좋아하고 아껴주는 사람에게 가고 싶어 한다. 따라서 성공에 대한 부정적인 인식을 버리고 긍정적으로 생각하도록 해야 한다.

성공은 좋은 것이다. 그러나 성공이 좋은 것인데도 많은 사람들이 성공을 이뤄가는 과정에서 좋지 않은 방법으로 성공하거나 성공한 후에 너무 많은 욕심을 부려서 성공에 대하여 부정적인 인식을 갖게 되는 경향이 있다. 그러나 성공한 후에 사람들에게 좋은 일을 하는 사람도 많다. 언론에서 좋은 일을 하는 사람은 많이 다루지 않고 좋지 않은 일이나 비리 같은 문제만 부각시켜서 그렇지 좋은 일을 하는 사람도 정말 많다. 좋은 일을 하려고 노력하다 보면 자연스럽게 좋은 일을 하는 사람을 많이 만나게 될 것이다.

성공해서 재력이 있어야 다른 사람을 도울 수 있다. 돕고 싶어도 돈이나 사회적 지위가 없으면 돕기가 힘들 수 있다. 물론 돈이 없고 지위가 높지 않더라도 얼마든지 남을 도우면서 살 수 있다. 그러나 작게는 도울 수 있어도 많은 사람에게 큰 도움을 줄 수는 없다. 크게 성공하면 크게 도울 수 있고 작게 성공하면 작게 도울 수 있는 것이다. 지금부터 성공에 대한 인식을 바꿔야 한다. 그래야 성공적인 인생을 살 수 있다.

인생역전을 꿈꾼다면 성공에 대한 부정적인 인식부터 버려야 한다. 인생역전의 가장 큰 적은 부와 성공에 대한 부정적인 시각이다. 성공하기 위해서는 성공하는 방법을 배워야 한다. 그러나 부정적인 시각을 가지고 있으면 성공을 배울 수 없다. 지금부터 성공에 대한 인식을 바꿔야 한다. 부정적인 시각을 긍정적으로 바꿔야 한다. 돈에 대한 시각도 바꿔야 한다. 돈도 성공도 다 좋은 것이다. 인생역전의 시작은 돈과 성공에 대한 긍정적인 시각에서 출발한다.

성공하기 위해서는 의식뿐만 아니라 무의식까지도 성공자의 정신으로 무장해야 한다. 사람의 의식은 10%이지만 무의식은 90%라고 한다. 우리가 느끼고 인식하는 부분은 많지 않다. 겨우 10%일 뿐이다. 90%의 무의식이 더 중요하다. 인생역전을 이루기 위해서는 뼛속까지 성공자의 마인드로 무장해야 한다. 성공자 독서가 뼛속까지 바꿔 줄 것이다. 성공자 독서로 뼛속까지 성공자의 마인드로 무장하면 성공이 자연스럽게 따라올 것이다. 당신의 인생역전도 자연스럽게 이루어질 것이다.

무의식과 뼛속까지 성공자의 마인드를 갖춘다는 것은 성공 세포를 만드는 것이다. 온몸이 성공 세포로 변해야 한다는 것이다. 다시 말하면, 내 온몸을 성공 체질로 만드는 것이다. 뼛속부터 온몸 구석구석까지 온통 성공 체질로 만들 수 있어야 인생역전을 할 수 있다. 지금부터 성공 세포와 성공 체질을 만들기 위한 노력을 시작해야 한다. 그래서 어떤 상황과 환경에서도 성공할 수밖에 없는 생각과 행동을 하는 사람이 되어야 한다. 그러면 당신의 인생역전이 시작될 것이다.

의식을 바꾸는 것도 어렵지만 더 어려운 것은 무의식을 바꾸는 것이다. 무의식은 내가 느끼지 못하는 것이기 때문이다. 무의식은 잠재의식이라고도 한다. 잠재의식이 바뀌면 모든 것이 바뀌는 것이다. 성공자 독서는 무의식이 바뀔 때까지 해야 한다. 의식이 바뀌었다고 멈추어서는 안 된다. 의식만 성공자의 마인드로 바뀌어서는 성공할 수 없다. 무의식까지 성공자의 마인드로 바뀌어야 진정한 성공을 이룰 수 있다. 뼛속까지 성공자의 마인드로 바뀐 사람은 반드시 성공할 수 있다. 그리고 무의식까지 성공자의 마인드로 바뀐 사람은 쉽게 좌절하지 않는다. 어떤 어려움이 따르더라도 절대로 포기하지 않고 다시 일어선다.

무의식까지 성공자의 마인드로 변한 것을 어떻게 인지할 수 있을까? 장애물과 걸림돌 앞에서의 자신의 태도를 보면 알 수 있다. 살다 보면 정말 힘들고 어려운 일이 온다. 피할 수만 있다면 피하고 싶지만 절대 피할 수 없는 상황이 온다. 그런 절망적인 상황에서도 일상생활과 똑같이 흔들리지 않고 자신의 길을 갈 수 있다면 무의식까지 성공자의 마인드로 바뀐 것이다. 뼛속까지 성공자의 마인드를 갖게 된 것이다. 그런 사람은 반드시 성공하게 되어 있다. 무의식까지 성공할 수밖에 없는 생각과 행동을 하는 사람이 되었는데 성공하지 못할 사람이 어디 있겠는가? 뼛속까지 온통 성공할 수밖에 없는 생각과 행동을 하는 사람이 무엇을 못하겠는가?

인생역전은 성공자 독서로 가능하다. 지금 인생역전을 꿈꾸고 있다면 성공자 독서를 시작해야 한다. 그러나 인생역전을 하겠다고 로또를 사거나 도박장에 가서는 안 된다. 그것은 인생을 망치는 길이며 패가망신하는 지름길이다. 세상에는 '대가 지불의 법칙'이 있다. '대가 지불의 법칙'은 자연법칙과 똑같은 법칙이다. 콩 심은 데 콩 나고 팥 심은 데 팥 나는 것과 같은 이치이다. 성공은 우연히 이루어지는 것이 아니다. 내가 땀 흘린 만큼만 열매를 얻을 수 있는 것이다. 성공자 독서로 인생역전이 가능하다. 지금 바로 성공자 독서를 시작하라! 당신의 인생역전이 시작될 것이다.

당신은 성공하기 위해서 태어난 사람이다

성공을 위한 상상을 시작하라! 성공을 위한 대가를 지불하라! 성공을 위한 새로운 도전을 시작하라! 당신은 성공할 가치가 있는 사람이다. 당신은 성공하고도 남을 위대한 사람이다. 당신은 세상에서 가장 소중한 사람이다. 세상에서 가장 소중한 당신은 성공하기 위해서 태어난 사람이다. 당신의 성공을 막을 수 있는 것은 아무것도 없다. 당신의 눈앞에 성공의 무대가 펼쳐져 있다. 그 무대에 올라 마음껏 세상을 향해 비상^{飛翔}하라. 당신은 성공하기 위해서 태어난 사람이다.

  모든 사람은 다 소중한 사람이다. 모든 사람은 차별이 없다. 모든 사람은 다 귀하고 가치 있는 존재로 태어났기 때문이다. 태어나는 상황과 환경의 차이가 있을 뿐 시간과 기회는 모든 사람에게 동등하게 주어진다. 성공할 사람으로 태어나는 사람도 없고 실패할 사람으로 태어나는 사람도 없다. 모든 사람에게 동등한 시간과 기회가 주어질 뿐이다. 그동안 세상을 원망하고 사람을 원망하면서 살았다면 이제 멈추어야 한다. 원망의 울음을 그치고 세상을 향해 선포해야 한다. 나는 세상에서 가장 소중한 사람이요 성공하기 위해서 태어난 사람이며, 행복하기 위해서 태어난 사람이라고.

지금까지 어떻게 살아왔는가는 중요하지 않다. 현재 자기의 신분이 어떤 위치에 있는가도 중요하지 않다. 다만 나의 선택이 중요할 뿐이다. 지금부터 성공을 선택하면 된다. 지금부터 행복을 선택하면 된다. 지금부터 운명의 주인이 나라고 생각하고 선택하면 된다. 과거는 바꿀 수 없고 현재의 상황도 바꿀 수 없지만 나의 미래는 얼마든지 바꿀 수 있다. 운명은 만들어 가는 것이니까! 내 운명의 주인은 나니까! 나는 성공하기 위해서 태어난 사람이니까!

성공은 차별하지 않는다. 성공은 부자들에게만 가는 것도 아니요 권력이 많은 사람들에게만 가는 것도 아니다. 성공은 모든 사람에게 가는 것이다. 성공의 문은 항상 열려 있다. 성공의 문은 모든 사람에게 활짝 열려 있다. 성공은 운명을 만들어 가겠다는 위대한 결심을 한 사람이라면 누구에게나 간다. 아무리 가난해도, 아무리 못 배웠어도, 아무리 못났고 하찮은 존재라고 하더라도 상관없다. 성공은 그 어떤 조건도 중요하게 여기지 않고 오직 운명을 만들어 가겠다는 당신의 위대한 결심만을 볼 뿐이다. 지금부터 성공의 길을 선택하라. 당신은 성공하기 위해서 태어난 사람이다.

그동안 세상은 당신에게 온갖 비웃음과 손가락질을 해댔을 것이다. 그동안 세상은 당신은 절대로 성공할 수 없다고 저주를 퍼부었을 것이다. 그동안 세상은 당신은 아무것도 할 수 없다고 소리쳤을 것이다. 그리고 당신을 하찮은 존재라고 무시했을 것이다. 그러나 지금부터는 세상의 소리에 흔들리지 마라. 당신은 성공하기 위해서 태어난 사람이다. 그동안 당신 안의 위대한 본성이 잠자고 있었을 뿐이다. 당신의 위대한 본성이 깨어날 시간이다. 당신의 무의식 속에 잠자고 있던 위대성과 천재성이 깨어날 시간이다. 지금 당장 일어서라. 당신은 성공할 수밖에 없는 위대한 사람이다.

지금부터 성공하기 위한 대가를 지불하라. 지금부터 성공하기 위한 땀을 흘리라. 지금부터 성공하기 위한 당신의 불굴의 의지를 보여 주라. 당신은 할 수 있다. 당신은 무한한 잠재력을 갖고 태어났으며 그 어떤 사람과도 비교할 수 없는 위대한 사람이다. 나는 당신을 믿는다. 당신의 땀을, 당신의 노력을 믿는다. 당신의 위대한 결심을 믿는다. 당신의 성공자 독서를 믿는다. 당신은 성공하기 위해서 태어난 사람이다.

그동안 포기하고 있었다면 지금부터 다시 시작하라. 그동안 절망감에 몸서리치고 있었다면 지금부터 희망의 날개를 활짝 펴라. 그동안 가슴 아픈 일들을 겪었다면 지금부터 기뻐하라. 그동안 패배의 그림자에 갇혀 살았다면 지금부터 승리하라. 그동안 꿈이 꺾인 채 좌절의 세월을 보냈다면 지금부터 꿈의 나래를 활짝 펴라. 그동안 실패의 나날을 보냈다면 지금부터 성공적인 삶을 살아라. 당신은 세상에서 가장 소중한 사람이다.

당신의 꿈을 응원한다. 당신의 도전을 응원한다. 당신의 위대한 결심을 응원한다. 당신의 성공자 독서를 응원한다. 당신은 반드시 성공할 것이다. 이제 당신 차례이다. 당신이 시작할 차례이다. 당신의 능력을 보여 주라. 당신의 실력을 보여 주라. 당신이 할 수 없는 것은 아무것도 없다. 당신의 성공을 막을 수 있는 것은 아무것도 없다. 당신이 시작하기만 하면 된다.

대한민국은 기회의 땅이다. 세계 각국에서 많은 사람들이 꿈과 기회를 찾아서 대한민국으로 몰려오고 있다. 성공의 기회를 그들에게 양보할 것인가? 성공의 기회를 포기할 것인가? 성공의 기회를 놓칠 것인가? 당신의 손을 뻗어 움켜쥐어야 한다. 성공의 기회를 당신의 것으로 만들어야 한다. 당신은 반드시 해낼 것이다. '하늘은 스스로 돕는 자를 돕는다'고 했다. 당신 스스로 기회를 만들어 나가야 한다. 당신을 도와줄 사람은 아무도 없다. 당신 자신 외에는.

당신을 믿으라. 당신 자신을 믿으라. 당신은 성공하기 위해서 태어난 사람이다.

인문학
독서의
힘

POWER OF READING

01
인문학 독서에 대하여

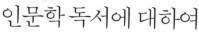

인문학을 이해하기 위해서는 어느 정도의 배경지식이 필요하다. 인문학 독서를 이해하기 위해서는 인문학이 무엇인지 정도는 알아야 한다는 것이다. 인문학이란 무엇일까? 많은 사람들이 알고 싶어 하는 것이기도 하다. 인문학은 사람 인^人과 글월 문^文, 배울 학^學자로 이루어져 있다. 따라서 인문학이란 사람에 대한 글을 배우는 학문이다. 인문학이란 사람에 대한 책을 읽는 것을 말하는 것이다.

인문학이 사람에 대한 책이라면 인문학을 읽는 이유는 무엇일까? 인문학은 '후마니타스^{humanitas, 인간성}'이다. '후마니타스'의 어원은 라틴어에서 유래하였으며 '인간다움'이라는 의미를 가지고 있다. 인문학은 인간다움을 회복하기 위해서 읽는다는 것이다. 서양에서는 '인간'이라는 표현을 많이 쓰지만 동양에서는 '사람'이라는 표현을 주로 사용한다. 따라서 인문학을 읽는 목적은 사람다움을 회복하기 위해서이다.

인문학 독서로 사람다움을 회복한다는 것은 사람다운 사람이 되는 것이다. 인문학은 많은 장점들을 가지고 있지만 가장 우선적으로 생각해야 하는 것은 사람다운 사람이 되기 위해서 인문학을 읽어야 한다는 것이다. 많은 학자들이 미래 사회로 갈수록 사람다운 사람을 만나기가 어려운 시대가 될 것이라고 예측하고 있다. 사회는 갈수록 점점 더 디지털화되어 가고 개인주의화되어 갈 것이기 때문이다. 따라서 사람이 살만한 아름다운 세상을 만들기 위해서는 인문학을 많이 읽어서 사람다움을 회복해 가야 한다.

인문학을 읽는 두 번째 이유는, 사람을 위한 사람이 되기 위해서이다. 사람을 위한 사람이 된다는 것은 나를 넘어서 너와 우리를 위해서 살아가는 것을 말한다. 나를 넘어 너와 우리를 위해서 살아간다는 것은 사람을 사랑하는 삶을 사는 것을 말한다. 결국 인문학을 읽는 두 번째 이유는 사람을 사랑하는 사람이 되기 위해서이다. 사람다운 사람이 되어서 사람을 위한 사람이 되기 위해 인문학을 읽어야 하는 것이다. 사람다운 사람이 되어서 사람을 위해 살아갈 수 있다면 그 사람의 삶은 정말 풍요로워질 것이다. 내가 먼저 사람다움을 갖추고 다른 사람들도 사람다움을 갖출 수 있도록 이끌어 주는 삶을 살 수 있다면 정말 행복한 삶을 살 수 있을 것이다.

사람다운 사람이 된다는 것은 가슴속에서 기쁨이 솟아나는 것을 말한다. 기쁨은 즐거움이나 쾌락과는 다른 것이다. 기쁨은 자신이 성인군자聖人君子와 같은 사람다운 사람이 되었을 때 가슴 깊은 곳에서 솟아나는 것이다. 사람을 위해서 살아간다는 것은 다른 사람들이 기쁜 삶을 살 수 있도록 이끌어 주는 것을 말한다. 다른 사람들의 가슴속에서 알 수 없는 기쁨이 솟아나는 삶을 살 수 있도록 이끌어 주는 삶을 사는 것이다.

인문학은 사람을 위한 학문이다. 인문학이 사람을 위한 학문이라는 것은 사람이 행복하고 성공적인 인생을 살게 되도록 돕는 학문이라는 뜻이다. 사람이 더 나은 삶을 살아가기 위해서 필요한 학문이라는 것이다. 인문학은 '홍익인간弘益人間'의 정신과도 같다. 홍익인간은 '널리 인간을 이롭게 한다'는 뜻이다. 대한민국의 설립이념은 인문학 정신과 같다. 우리 민족의 태동은 인문학 정신을 배경으로 한 것이다.

소크라테스는 "무지는 죄악이다"라고 하였다. 모든 사람은 조물주에 의해서 행복하고 성공적으로 살아가도록 창조되었다. 그러므로 모든 사람은 행복하고 성공적인 삶을 살아가야 하지만 무지 때문에 고통스럽게 살아가고 있다. 사람에 대한 무지 때문에 상생相生하지 못하고 분열과 다툼으로 치닫고 있는 것이다.

행복하게 살아가기 위해서는 사람에 대해서 알아야 한다. 모든 갈등과 아픔은 사람을 모르기 때문에 일어난다. 사람에 대해서 알지도 못하고 사람과의 관계를 어떻게 해야 하는지를 모르기 때문에 갈등과 아픔이 일어나는 것이다. 행복한 삶을 위해서는 사람에 대해서 알아야 한다. 특히 사람을 위한 학문인 인문학을 알아야 한다. 인문학을 알아야 사람에 대한 이해가 높아져서 더 행복하고 풍요로운 삶을 살 수 있다.

인문학은 사람을 위한 것이고 사람의 행복을 위한 것이어야 한다. 이것이 모든 분야에 인문학이 접목되어야 하는 이유이다. 모든 분야에 인문학을 접목해서 모든 사람의 삶이 더 숭고하고 가치 있는 삶이 되도록 해야 한다. 사람이 가장 소중하고 가치 있는 존재이기 때문이다. 모든 것의 방향이 사람을 생각하고 사람을 가치 있게 여기게 될 때 모든 사람의 삶의 질이 높아지고 행복하고 더 나은 삶을 살 수 있게 된다.

인문학 열풍이 불고 있다. 그러나 엄밀하게 말하면 인문학이라기보다는 인문고전이라고 표현해야 한다. 인문고전이라고 표현하는 것이 더 맞는 말이지만 발음하기가 쉬워야 한다는 작명의 원칙에 의해서 인문학이라고 표현한 것이다. 인문학이 인문고전보다 발음하기가 더 쉽기 때문에 인문학이라고 부르는 것이다. 그렇다면 인문고전은 무엇인가? 인문고전이 무엇이기에 대한민국에 인문학 열풍이 불고 있는가?

인문고전은 인문과 고전의 합성어이다. 인문은 사람에 대한 글이라는 말이고, 고전은 오래되었다는 말이다. 고전의 반열에 오르기 위해서는 적어도 30년은 지난 책이어야 한다. 30년을 한 세대로 보기 때문에 고전이라고 하기 위해서는 한 세대가 지난 책 곧 30년 전에 쓴 책이어야 한다. 물론 30년 이상 된 책을 모두 고전이라고 하지는 않는다. 30년 전부터 수백 수천 년 전에 기록된 책이면서도 현재에도 인기가 있는 책을 고전이라고 한다. 30년 이상 되었지만 현재에도 사람들에게 많은 사랑을 받는 책을 고전이라고 하는 것이다. 인문학은 사람에 대한 책이면서 30년 전부터 수백 수천 년 전에 쓴 책으로 현재까지 많은 사랑을 받는 책이라는 것이다.

인문학이 사람을 위하는 것이라면 모든 분야와 장르를 가리지 않는다. 사람을 위하는 것이라면 모두 인문학이라고 말할 수 있다. 사람을 위한 모든 것이 인문학의 범주에 포함된다는 것이다. 인문학 중에서 대표적인 장르는 문학과 역사와 철학이다. 이 세 가지를 줄여서 '문사철文史哲'이라고도 한다. '문사철'은 문학의 문文과 역사의 사史와 철학의 철哲자에서 나온 말이다. 문학을 읽으면 사람의 마음을 알 수 있고 역사를 읽으면 삶의 패턴을 알 수 있고, 철학을 읽으면 사람의 생각을 알 수 있다고 한다.

문학은 사람들이 살아가는 이야기를 기록한 책이다. 문학고전을 읽어보면 사람의 심리를 정말 실감나게 묘사하고 있다. 문학고전 작가의 감수성은 정말 대단하다. 사람의 마음을 어떻게 그토록 섬세하게 표현할 수 있는지 정말 많은 감동을 받는다. 문학고전은 사람이 살아가는 이야기를 통해서 사람 사이의 갈등을 표현하고 있다.

사람이 사는 곳에는 항상 갈등과 아픔들이 존재한다. 그 갈등과 아픔들을 읽으면서 사람을 이해하게 되는 것이다. 오프라 윈프리는 세계적인 쇼의 진행자가 되었는데 그녀가 최고의 토크쇼를 진행할 수 있었던 것은 그녀의 사람을 이해하는 능력이 탁월했기 때문이다. 사람을 이해하는 사람이 다른 사람의 마음을 얻을 수 있다. 오프라 윈프리는 사람을 이해하는 능력이 탁월했기 때문에 많은 사람의 마음을 얻을 수 있었던 것이다.

역사고전을 읽으면 삶의 패턴을 이해할 수 있다. '역사는 반복된다'고 말하는 데 이 말은 역사가 돌고 돈다는 뜻이다. 그래서 역사고전을 읽으면 삶의 패턴을 이해하게 된다. 역사를 돌아보고 삶의 패턴을 알게 되면 미래를 예측하는 능력이 생긴다. 미래를 보는 능력이 있어야 성공적인 삶을 살아갈 수 있다.

소프트뱅크의 손정의 회장은 300년 후를 내다보면서 기업을 경영했다고 한다. 300년 후를 예측하면서 기업을 경영하면 미래에 대한 준비가 탁월할 수밖에 없다. 미래에 대한 대비가 탁월한 기업은 성공할 수밖에 없는 것이다. 소프트뱅크가 세계적인 기업이 될 수 있었던 것은 손정의 회장의 미래를 내다보는 능력에서 비롯된 것이고 그의 미래 예측 능력은 수천 권의 독서에서 나온 것이다.

철학고전을 읽으면 사람의 생각을 알 수 있다. 철학은 인간의 고민에서 시작되었다. '사람은 무엇인가?' '사람은 어디에서 와서 어디로 가는가?' '사람다운 사람은 어떤 사람인가?' '어떻게 사는 것이 가치 있는 삶을 사는 것인가?' '이 세상은 어떻게 만들어졌을까?' '사람의 죽음 이후의 삶은 어떤 것인가?' 바로 이런 생각들에서 나온 것이 철학이다.

물론 철학자들도 처음부터 깊고 심오한 생각을 한 것은 아니다. 처음에는 쉽고 단순한 질문에서 시작되었다. 그러나 사색의 힘은 위대하다. 처음에는 작은 고민들로 시작되었던 것들이 점진적으로 깊어지고 넓어진 것이다. 철학자들의 사색의 힘이 깊어지고 넓어진 것들을 체계적으로 정리한 것이 철학고전이 된 것이다. 이런 생각들이 모아진 철학고전을 읽으면 사람의 생각을 알 수 있게 된다.

02

인문학 독서에 쉽게 접근하라

대한민국에 인문학 독서 열풍이 불고 있다. 열풍을 넘어서 광풍이 불고 있다고 해야 할 것 같다. 인문학 열풍이 부는 이유는 인문학 독서가 삶의 혁신을 이끌 수 있고 더 풍요로운 삶을 살게 해 주기 때문이다. 인문학 독서가 위대한 업적과 성취를 이끌 수 있는 가장 좋은 무기이기 때문이다. 인문학 독서로 삶의 혁신적인 변화를 원하는 사람이 많기 때문이다.

그러나 인문학 독서의 바람이 불고 있지만 정작 인문학 독서를 성공적으로 읽어내는 사람은 많지 않다. 인문학 독서에 성공하지 못하는 이유는 인문학에 대한 정보가 부족하고 현실적으로 접근하기 쉬운 정보가 없기 때문이다. 인문학을 너무 어렵게만 접근하고 있고 쉽게 접근할 수 있는 정보가 부족하기 때문이다.

인문학이 모든 문제의 해결책인 것처럼 말하고 있다. 여기저기에서 인문학 독서를 해야 한다고 강조하고 있다. 실제로 정말 많은 곳에서 인문학 강좌가 열리고 있다. 그러나 현재의 인문학 바람은 그저 바람으로 그

치있는 것이 현실이다. 인문학이 바람을 넘어 대한민국에 깊은 뿌리를 내릴 수 있는 방안을 마련해야 한다. 그래야 더 아름답고 풍요로운 대한민국의 미래가 도래할 것이다.

더 나은 삶을 살기 위해서는 인문학이 반드시 필요하다. 대한민국 각계각층에서 인문학의 중요성이 대두되고 있는 것은 아주 바람직한 현상이다. 지금부터는 인문학에 대한 현실적인 접근법을 찾아서 인문학 독서가 실질적으로 깊이 뿌리를 내릴 수 있도록 해야 한다. 인문학에 누구나 쉽게 접근할 수 있는 방법을 찾아서 인문학 독서에 성공할 수 있는 길을 제시해야 한다.

인문학 독서의 열풍이 불고 있는데도 인문학 독서가 뿌리를 내리지 못하는 이유는 사람들이 인문학을 어렵게만 접근하고 있기 때문이다. 물론 실제로 인문학이 어려운 것은 사실이다. 그래서 '고전古典을 읽으면 고전苦戰한다'는 말처럼 많은 사람들이 인문학 독서를 시작했다가 중간에 다 포기하게 되는 것이다. 인문학이 어려운 것은 사실이지만 발상의 전환이 필요하다. 인문학에 쉽게 접근할 수 있는 방법을 찾아야 한다. 인문학을 어렵게만 생각하고 어려운 방법으로만 접근하기 때문에 인문학 독서에 도전했다가 쉽게 포기하게 되면서 인문학이 정착되지 못하는 것이다.

인문학의 진정한 전문가는 없다고 생각한다. 인문학이 워낙 방대하고 어렵기 때문에 인문학의 모든 분야를 섭렵한 전문가가 없는 것이다. 인문학의 전문가들도 자신의 분야만을 단편적으로 전문화한 것일 뿐 모든 분야를 전문화한 것은 아니다. 모든 분야의 인문학은 전문적이고 체계

적으로 독서하기가 어려운 현실적인 문제를 갖고 있기 때문에 쉽게 접근
할 수 있는 방법으로 해야 한다.

인문학 독서의 많은 방법이 제시되고 있다. 인문학을 원전[原典]으로 읽
어야 한다고 주장하기도 하고 완역된 인문학을 읽어야 한다고 주장하기
도 한다. 그리고 당시의 역사적인 배경과 시대 상황을 이해할 수 있어야
하고 모든 고대문자에 대한 이해도 있어야 한다고 주장한다. 물론 인문
학을 원전으로 읽거나 완전히 번역된 인문학을 읽는다면 좋은 것은 사실
이다. 역사적인 이해를 갖추고 모든 문자의 기원이나 발달 상황을 이해
하는 것도 매우 좋은 일이다.

그러나 대한민국의 현실에서 인문학을 원전으로 읽기는 어렵다. 영어
권에서는 그리스어나 로마어가 영어와 비슷한 문자 체계를 갖추고 있기
때문에 접근하기가 쉽다. 그러나 영어의 언어체계와 완전히 다른 한글
을 주 언어로 사용하는 우리의 현실에서는 결코 쉽지 않다. 인문학을 완
전히 번역된 책으로 읽는 것도 쉽지는 않다. 워낙 방대하고 어렵기 때문
에 모든 책을 제대로 독서하기가 어렵다. 완역된 책을 한 권 읽는 것도
매우 어려운 현실에서 다독을 한다는 것는 정말 어려운 일이다.

인문학 독서를 하기 위해서 역사적인 배경을 공부하고 문화와 시대적
인 배경을 공부하는 것도 쉽지 않다. 인문학 독서를 하는 것보다 배경지
식을 쌓는 것이 더 어렵기 때문이다. 이것은 배보다 배꼽이 더 큰 상황이
기도 하다. 인문학 독서를 위해서 문자의 기원이나 고대문자의 배경지
식을 쌓는 것도 현실적으로 쉽지 않다. 인문학을 이런 식으로 접근하는
것은 인문학의 접근을 더 어렵고 힘들게 만드는 것이다.

따라서 지금부터는 인문학을 아주 쉽게 접근해야 한다. 현재의 자기 수준을 고려해서 책을 선정해야 한다. 처음부터 자신의 수준과는 거리가 있는 너무 어려운 책을 선정할 필요가 없다. 자신의 수준보다 쉬운 책을 선정하는 것이 더 좋다. 자기 수준보다 높은 수준의 책을 선정할 필요가 전혀 없다. 학생들도 이해하기 쉽게 기록된 문고판 인문학서적과 어린이용 인문학 서적부터 시작해도 충분하다. 작은 소책자로 기록된 인문학서적은 아무 부담 없이 접근할 수 있기 때문이다.

지금부터는 인문학을 쉽고 재미있는 방향으로 접근해야 한다. 인문학을 읽는 것이 즐거워야 한다. 인문학 독서를 하는 것이 쉽고 재미가 있어야 누구나 읽을 수 있게 되기 때문이다. 인문학을 쉽고 재미있게 접근하기 시작하여 점진적으로 넓혀 가면 된다. 처음에는 쉽고 단순하게 접근하지만 시간이 갈수록 더 깊어지고 더 넓어지게 되어 있다. 그러면 조금씩 수준을 높여가면서 읽으면 된다. 그러면 어느새 인문학의 전문가가 되어 있을 것이다.

인문학 독서로 사람을 아는 사람이 되자

인문학은 사람을 위한 학문이기 때문에 인문학 독서를 하면 사람을 알게 된다. 인문학 독서로 사람을 알게 되면 인생에서 가장 큰 유익을 얻게 된다. 사람을 알고 사람을 이해할 수 있는 능력을 갖추는 것과 갖추지 못하는 것은 엄청나게 큰 차이가 있다. 사람을 알게 되면 행복하고 성공적인 삶을 살 수 있게 되기 때문이다. 모든 것은 사람과의 관계에서 이루어진다. 그래서 사람을 알고 이해할 수 있어야 탁월한 삶을 살 수 있다.

아무리 천재적인 재능을 가지고 있어도 사람과의 관계가 나쁘면 그 재능이 빛을 볼 수 없다. 사람들이 인정해 주어야 나의 재능이 가치가 있는 것이다. 사람과의 관계가 나쁘면 나의 재능이 아무리 뛰어나더라도 인정받을 수 없다. 나의 재능을 사람들에게 인정받으려면 사람과의 관계가 좋아야 한다. 사람과의 관계가 나쁘면 아무리 좋은 재능을 가졌더라도 더 이상 좋은 재능이 아닌 것이다.

세상은 나 혼자 살 수 있는 것이 아니다. 나 혼자 살 수 있다면 사람과의 관계를 신경쓰지 않아도 된다. 그러나 세상에서 혼자 살 수 있는 사람은 아무도 없다. 혼자 살 수 없기 때문에 다른 사람과의 관계를 잘할 수 있는 방법을 찾아야 한다. 결국 행복하고 성공적인 삶을 살기 위해서는 사람과의 관계를 잘해야 하기 때문이다. 그러하기에 사람을 알고 이해하는 것이 인생에서 가장 중요한 요소 중에서 하나가 되는 것이다.

행복하고 성공적인 삶은 '나'라는 작품을 사람들에게 어떻게 노출시키느냐에 달려 있다. '나'라는 작품을 사람들이 선호하면 나의 삶이 풍요로워지고 반대로 '나'라는 작품을 사람들이 싫어하면 나의 삶은 어두워지는 것이다. 최고의 실력을 쌓는 것도 중요하지만 사람과의 관계를 잘할 수 있는 방법을 찾아야 한다. 사람과의 관계가 좋은 것을 인품이라고 한다. 실력과 인품이 균형적으로 발달해야 '나'라는 작품이 최고의 작품이 되는 것이다.

모든 것은 사람과의 관계에서 이루어진다. 사람과의 관계가 좋아지려면 나의 관점이 넓어져야 한다. 나의 관점이 넓어지면 어떤 사람과도 좋은 관계를 유지할 수 있다. 사람들과의 관계가 좋지 않은 이유는 나의 시야가 좁기 때문이다. 좁은 시야로 상대방을 바라보기 때문에 갈등이 일어나는 것이다. 나의 시야도 좁고 상대방의 시야도 좁다면 서로 자신의 좁은 시야로 상대방을 판단하기 때문에 마찰이 생기는 것이다.

모든 일의 성공 요소는 나의 시야가 넓어질 때 가능하다. 나의 시야가 넓어지면 사람과의 관계가 완전히 달라진다. 사람과의 관계가 달라지면 나의 업무나 일도 완전히 바뀌게 된다. 나의 시야가 좁을 때는 상대방의 모든 것이 못마땅하게 보인다. 나의 기준과 관점으로 상대방을 대하기 때문이다. 상대방의 모든 것이 못마땅해 보이면 나의 태도가 달라지는 것이다. 그러면 상대방을 진심으로 대하기가 어려워지기 때문에 상대방과의 관계가 나빠지게 되는 것이다. 나의 진심을 상대방도 느끼기 때문에 상대방도 나에게 나쁜 감정을 갖게 되는 것이다.

나의 시야가 넓어지면 어떤 사람이라도 다 포용할 수 있게 된다. 상대방의 시야는 좁은 상태로 있지만 나의 시야가 넓어져 상대방을 수용할 수 있게 되기 때문이다. 상대방을 수용할 수 있으면 진심으로 대할 수 있게 되고 상대방의 마음을 얻을 수 있다. 상대방의 마음을 얻게 되면 '나'라는 작품의 가치가 높아지게 되어 있다. 그러면 모든 것에서 성공적인 결과를 얻을 수 있게 된다.

세상에서 실패를 경험하고 사람과의 관계가 나빠질 때 사람과 세상을 원망하지 말고 자신을 돌아보아야 한다. 세상과 사람은 변하지 않는다. 오직 변하는 것은 나밖에 없다. 내가 변하면 세상도 변하고 사람도 변한다. 내가 변하지 않으면 세상과 사람도 변하지 않는다. 많은 사람들이 이 부분을 놓치기 때문에 실패를 반복하는 것이다. 인문학 독서로 시야가 넓어지면 모든 사람을 포용할 수 있게 되고, 그 포용력으로 행복하고 성공적인 삶을 살 수 있게 된다.

행복하고 성공적인 삶을 살기 위해서는 인문학 독서로 시야를 넓히는 것이 필수요소이다. 시야를 넓히면 세상과 사람을 보는 눈이 완전히 바뀌게 된다. 나의 좁은 시야로 세상을 보던 것과는 완전히 다른 세상을 경험하게 된다. 지금까지 실패로 점철된 삶을 살아 왔다면 인문학 독서를 시작해야 한다. 인문학 독서로 사람을 알게 되고 사람을 이해하게 되면서 시야가 넓어지게 되는 것이다. 나의 시야가 넓어지면 모든 것이 해결될 것이다.

인문학 독서로 사람을 알게 되면 행복하고 성공적인 삶을 살 수 있을 뿐만 아니라 사람다운 사람이 될 수 있다. 플라톤의 말처럼 사람답게 살지 못하고 많은 잘못된 일들을 하는 것은 모르기 때문이다. 사람다운 사람이 되지 못하는 것도 사람다운 사람의 길을 알지 못하기 때문이다. 인문학 독서로 사람에 대해서 알고 사람다움의 길을 알게 되면 사람다운 사람이 될 수 있다.

시대가 많이 불안하고 무질서하다. 심각한 사건과 사고들이 우리의 마음을 아프게 하고 있다. 이런 문제들은 시간이 지날수록 더 많아지고 심각해질 가능성이 높다. 많은 사람들이 문제를 지적만 하지 뚜렷한 대안을 제시하지 못하고 있다. 무질서하고 혼란한 세상을 바로잡을 수 있는 대안이 부족하기 때문이다. 그래서 갈등의 요소만 늘어가고 있다. 무질서하고 혼란한 세상이 갈수록 더 심각해질 수밖에 없는 것은 사람다운 사람이 부족하기 때문이다.

사람의 반대말은 무엇일까? 사람의 반대말은 짐승이다. 그래서 사람답지 못한 사람을 짐승 같다고 한다. 내가 사람다운 사람이 되지 못하면 짐승같이 살아갈 수밖에 없다. 짐승 같은 삶에서 사람다운 사람으로 변화되어야 한다. 사람다운 사람이 되기 위해서는 사람에 대해서 알아야 한다. 사람에 대해서 알고 이해할 수 있을 때 사람다운 사람이 될 수 있는 것이다. 인문학 독서로 사람을 알고 이해하게 되면 사람다운 사람이 될 수 있다. 그리고 인문학 독서로 사람다운 사람이 많아지면 세상이 아름답게 될 것이다.

　세상에서 실패를 반복하고 있다면 인문학 독서를 시작하라! 사람과의 관계에서 갈등을 겪고 있다면 인문학 독서를 시작하라! 지금부터 당신의 시야를 넓히는 데 집중하라! 사람다운 사람이 그리운가? 인문학 독서를 하라! 인문학 독서로 당신이 먼저 사람다운 사람이 되라! 그러면 새로운 세상이 열릴 것이다. 행복한 삶을 맛보게 될 것이다. 성공적인 삶을 경험하게 될 것이다. 지금 당장 인문학 독서를 시작하라!

인문학 독서는 두뇌 패턴의 문제다

독서는 어렵다. 인문학 독서는 더 어렵다. 독서가 어려운 이유는 두뇌 패턴의 문제이다. 독서가 어려운 것은 두뇌가 독서하는 두뇌가 아니기 때문이다. 쉽게 말해 두뇌가 독서와 친하지 않은 두뇌이기 때문이라는 것이다. 독서가 쉬워지려면 두뇌가 독서하는 두뇌가 되어야 한다. 두뇌에 독서 세포가 만들어져야 한다는 말이다. 독서 세포가 형성되면 독서가 쉬워지는 것이다. 두뇌의 패턴이 바뀐다는 것은 두뇌에 독서 세포가 만들어지는 것을 말한다.

우리가 얻는 정보는 대부분 눈으로 받아들이기 때문에 두뇌가 영상화되어 있는 것이다. 두뇌가 영상화되어 있기 때문에 눈으로 보는 것이 소리로 듣는 것과 글로 읽는 것보다 이해가 빠르고 쉽게 받아들일 수 있는 것이다. 눈으로 보는 것은 생각할 필요 없이 이해가 되지만 귀로 듣거나 글로 읽는 것은 생각을 해야 이해가 되는 것이다.

두뇌가 영상화되어 있기 때문에 텔레비전을 보거나 게임을 하는 것은 쉽다. 텔레비전을 보거나 게임을 하는 것이 나의 두뇌 패턴과 일치하기 때문이다. 텔레비전을 보거나 게임하는 것을 어려워하는 사람은 없다. 처음엔 방법을 몰라서 어려워할 수도 있지만 방법만 터득하면 쉬워진다. 독서는 나의 두뇌와 맞지 않는 것을 하는 것이다. 그렇기 때문에 독서가 어려운 것이다.

자녀들이 독서나 공부를 하려고 하지 않는 이유가 여기에 있다. 두뇌가 영상화되어 있어서 공부를 하거나 독서하는 것이 어려운 것이다. 자녀들에게 공부하라고 강요하기 전에 먼저 두뇌 패턴을 바꿔 주어야 한다. 두뇌 패턴이 바뀌면 공부를 잘할 수 있게 된다. 독서 모임을 진행하면서 독서 습관을 잡아준 학생들의 성적이 오르게 된 것은 두뇌 패턴의 변화가 있었기 때문이다. 그래서 독서가 공부를 잘하기 위한 필수요소가 되는 것이다. 자녀의 성적 때문에 고민하고 있다면 공부보다 독서 습관을 잡아주는 것이 선행되어야 한다.

독서를 잘하기 위해서는 두뇌 패턴이 영상에서 문자로 바뀌어야 한다. 독서에 입문하고 처음부터 독서가 쉽다고 말하는 사람을 본 적이 없다. 대부분의 사람들의 두뇌가 영상화되어 있기 때문에 독서를 어려워한다. 영상화되어 있는 두뇌가 문자화로 바뀌게 되기까지는 많은 어려움이 있다. 그래서 독서를 잘하기 위해서는 반복적인 독서로 두뇌의 패턴을 바꿔 주어야 하는 것이다.

영상화되어 있는 두뇌 패턴을 문자화시키는 가장 좋은 방법은 두뇌를 독서에 반복적으로 노출시키는 것이다. 두뇌를 문자화시키는 것은 쉽지 않지만 포기하지 않고 반복적으로 독서하면 결국 두뇌가 문자화로 바뀌게 된다. 사람마다 약간의 차이는 있지만 결국 모든 사람의 두뇌는 영상화에서 문자화로 바뀌게 되어 있다.

목포에 사는 최선이라는 친구가 있다. 이 친구는 태권도 선수 출신으로 45살까지 책을 한 권도 읽지 않았다고 한다. 물론 책을 전혀 읽지 않은 것은 아니고 처음부터 끝까지 읽은 책이 한 권도 없다는 것이다. 이 친구는 상태가 얼마나 심각했는지 성적표를 보다가 잠이 든 적도 있다고 한다. 그런 그가 2013년 11월에 '운명을 바꾸는 꿈과 독서 이야기'라는 나의 강연을 듣고 독서에 입문하게 되었다. 독서에 입문하고서 처음으로 읽은 책을 16일 만에 읽었다고 한다.

책을 전혀 읽지 않았던 친구라서 두뇌가 문자하고는 전혀 상관이 없었기 때문에 다른 사람보다도 훨씬 많은 시간이 걸린 것이다. 두뇌가 문자와 거리가 아주 먼 것을 난독증이라고 한다. 나중에 친구가 난독증 증상에 대해 알아보았더니 자신의 증상과 거의 일치하였다고 한다. 자녀가 공부를 하거나 책을 읽는 것을 어려워한다면 난독증이 있을 수도 있으니 그런 경우에는 재촉하지 말고 천천히 두뇌를 문자화시켜 가야 한다.

친구는 독서에 입문하고서 첫 번째 책을 다 읽는 데 16일이나 걸렸지만 포기하지 않고 계속 독서를 하였다. 포기하지 않고 독서 습관을 잡아간 친구는 결국 독서 천재가 되어 가는 중이다. 그는 독서에 입문한지 1년 만에 500권의 책을 읽었다. 첫 번째 책을 읽는 데는 16일이 걸렸지만 지금은 하루에 2권의 책을 읽고 있다. 두뇌가 영상에서 문자화로 완전히 바뀐 것이다.

그는 현재 목포에서 독서 모임을 운영하고 있다. 500권의 책이 그를 독서 모임의 리더로 성장하게 만든 것이다. 목포공공도서관에서 독서 모임을 진행하고 있는데 회원수가 벌써 20명을 넘어서고 있다. 그의 독서 열정이 회원들에게 전달되면서 많은 회원들이 독서에 열정을 불태우고 있는 것이다. 그 친구는 책을 전혀 읽지 않았었지만 지금은 독서 전도사가 되었다.

인문학 독서가 어렵다고 해도 두뇌 패턴이 바뀌면 쉬워진다. 처음에 인문학 독서를 시작할 때는 문고판의 쉽고 간단한 책부터 읽어도 된다. 쉽고 재미있는 책부터 읽어서 두뇌 패턴이 인문학적으로 바뀌면 인문학이 쉬워지는 것이다. 두뇌 패턴을 인문학적으로 바꾸려면 많은 시간과 노력이 필요하다. 그러나 포기하지 않고 꾸준히 반복해서 독서하면 두뇌는 분명히 바뀌게 되어 있다.

인문학 독서로 두뇌 패턴이 바뀌면 보통 사람도 천재적인 사상을 가진 사람으로 바뀔 수 있다. 인문학의 저자들이 천재적인 사상을 가진 사람들이기 때문에 두뇌 패턴이 인문학적으로 바뀌면 천재적인 사상을 가진 사람으로 변할 수 있는 것이다. 아무리 큰 그릇이라도 포기하지 않고 계속 물을 부으면 언젠가는 넘치게 되어 있다. 두뇌도 포기하지 않고 계속 문자화시키기 위해서 노력하면 언젠가는 바뀌게 되어 있다. 독서는 정직하다. 어떤 사람도 차별하지 않는다. 모든 사람이 할 수 있다. 지금부터 인문학 독서로 두뇌 패턴의 변화를 시도하라! 당신의 삶도 천재적인 삶으로 바뀌게 될 것이다.

인문학 독서로 천재적인 사람이 되자

인문학은 천재적인 사상가들에 의해서 기록된 작품이다. 인문학이 30년에서 수백, 수천 년 동안 많은 사랑을 받아온 것은 보통 사람의 생각을 완전히 뛰어넘는 생각을 가진 사람들의 작품이기 때문이다. 보통 사람과 비슷한 생각을 가진 사람이 지은 작품이라면 이처럼 오랜 시간 동안 사랑받기가 힘들다. 비슷한 수준의 두뇌에서 나온 작품이라면 잠깐 반짝하고 말았을 것이다. 보통 사람의 생각을 완전히 뛰어넘는 위대한 작품이기 때문에 오랜 세월 동안 감동과 찬사를 받을 수 있는 것이다.

  인문학 독서를 하면 두뇌가 천재적으로 바뀐다고 한다. 인문학 작가들이 천재적인 사상을 갖고 있기 때문이다. 천재적인 사상을 가진 작가들의 작품을 보통 사람이 읽고서 이해하고 받아들이기란 쉽지 않다. 그래서 인문학 독서가 어려운 것이다. 그러나 인문학을 읽으면 두뇌가 천재적으로 바뀐다. 천재의 사상을 읽으면 천재적인 사상의 소유자가 되는 것이다. 인문학 독서로 천재적인 두뇌를 갖게 된 사람이 있다. 대표적으로 에디슨과 아인슈타인과 처칠이다.

에디슨은 잘 알려져 있다시피 천재적인 발명가이다. 그러나 에디슨의 학창 시절은 천재적이지 못하였다. 에디슨이 학교를 다닌 기간은 3개월이 전부이다. 초등학교에 입학하여 3개월을 다닌 에디슨은 학교에서 부적응자로 낙인이 찍혀 학교를 그만두게 되었다. 학교 선생님이 에디슨을 도저히 가르칠 수 없다고 에디슨의 부모에게 통보했기 때문이었다.

에디슨은 저능아로 판정을 받아 학교를 다닐 수 없었지만 집에서 어머니와 함께 인문학 독서를 시작했다. 에디슨은 인문학 독서를 시작한 후 놀라운 속도로 독서에 몰입했다. 독서 습관이 잡힌 후에 에디슨은 학교 대신 도서관에 다니면서 독서를 했고, 십 대 시절에 2만 권의 책을 읽었다고 한다. 2만 권의 독서가 저능아로 판정받은 에디슨의 두뇌를 천재적인 두뇌로 바꾼 것이다.

에디슨은 천재적인 발명가로 알려져 있지만 경영에서도 탁월한 능력을 발휘하였다. 2만 권의 독서로 세상의 모든 이치를 터득한 에디슨은 당시 세계 1위 기업이었던 GE ^{General Electric, 제너럴 일렉트릭}라는 기업의 창업주가 되었다. 에디슨은 GE를 창업하여 발명가로서만 명성을 날린 것이 아니라 세계에서 가장 큰 부자이기도 하였다. 2만 권의 독서가 천재적인 두뇌를 만든 것이다.

아인슈타인^{Albert Einstein}은 천재의 대명사로 알려져 있다. 그러나 아인슈타인은 학창 시절에 구제불능과 저능아의 상징이었다. 아인슈타인은 고등학교를 다닐 때 낙제했었고 대학도 재수를 해서 겨우 진학했다. 아인슈타인이 중학교에 다닐 때 학부모 상담을 하는 자리에서 선생님이 "아인슈타인은 두뇌만 나쁜 것이 아니라 의지와 의욕도 없어서 아무것도 할 수 없는 아이입니다. 성인이 되어서도 무엇을 하든지 실패할 겁니다."라고 어머니에게 말했다고 한다.

아인슈타인의 어머니는 선생님의 말에 큰 충격을 받아 인문학 독서 교육을 시작하였다. 아인슈타인은 인문학에 매료되었고 12세에는 유클리드Euclid의 『기하학』을 읽었고, 14세에는 칸트Kant의 『순수이성비판』을 읽었다. 17세가 되어서는 "나는 포도주에 취하는 것 대신 인문학에 취하겠다"라는 유명한 말을 남겼다. 아인슈타인은 십 대부터 이십 대까지 10년 동안 인문학 독서에 심취하였고 이십 대 중반에는 노벨상을 수상하는 논문을 썼다. 인문학 독서가 둔재의 두뇌를 천재의 두뇌로 만들어 준 것이다. 인문학 독서가 바보의 상징이었던 아인슈타인을 천재의 대명사로 탈바꿈시켜 준 것이다.

처칠Winston Churchill은 아버지가 영국의 국회의장을 지낼 만큼 명망 있는 가정에서 태어났다. 좋은 집안에서 태어났지만 가정불화가 심하여 많은 상처를 받고 자랐다. 처칠의 아버지가 불륜을 저지르자 화가 난 어머니도 불륜을 저지르면서 처칠의 불행이 시작되었다. 어려서부터 부모의 사랑과 관심을 받지 못하고 자란 처칠은 책도 잘 못 읽고 글도 잘 쓸 수 없었다. 책도 못 읽고 글도 쓰지 못하는 학생이 공부를 못하는 것은 당연한 일이다. 낙제생이 된 처칠은 친구들에게 따돌림을 당했고 선생님들에게는 많은 무시와 질책을 받았다. 문제아로 낙인 찍힌 처칠은 삶의 회의를 느끼게 되었고, 급기야 십 대 중반에는 어머니를 만나서 죽고 싶다는 말까지 하였다. 처칠의 어머니는 죽고 싶다는 아들의 말에 큰 충격을 받았고 그를 변화시키기 위해서 인문학 독서 교육을 시작하였다.

처칠의 어머니는 "하루에 5시간은 인문학 독서를 하고 2시간은 운동을 해라"라고 하면서 처칠에게 인문학 독서와 건강의 중요성을 강조하였다. 처칠은 십 대 중반부터 인문학 독서에 정진하였고, 이십 대 중반에는 놀랍게도 영국의 국회의원이 되었다. 처칠은 정치인으로 승승장구하였고 나중에는 영국의 수상이 되었다. 인문학 독서가 책도 못 읽고 글도 쓸 줄 몰랐던 처칠을 위대한 사람으로 변신시켜 준 것이다.

에디슨과 아인슈타인과 처칠은 한때 저능아의 상징이었다. 그러나 인문학 독서로 천재적인 두뇌로 변화되었고 위대한 삶을 살았다. 인문학 독서는 천재들의 작품이기 때문에 인문학 독서를 하면 천재적인 두뇌의 소유자가 되는 것이다. 두뇌 패턴이 바뀌게 되는 것이다. 인문학 독서는 쉽지 않다. 그러나 인문학 독서를 하면 두뇌가 천재적으로 바뀌게 된다.

소크라테스는 지식을 알아가는 것을 '상기想起하는 것이라고 표현했다. '상기'한다는 것은 이미 알고 있는 것을 기억해내는 것이다. 소크라테스는 잠재의식의 위대함을 말하고 있는 것이다. 소크라테스는 사람의 의식에는 한계가 있지만 한계가 없는 잠재의식으로는 모든 것을 알고 있다고 했다. 그는 모든 사람에게는 천재성이 있다고 생각하였다. 사람은 누구나 천재적인 잠재의식을 가지고 있다. 우리가 의식하는 것은 10%에 지나지 않고 의식하지 못하는 무의식의 세계는 90%이다. 우리의 의식은 보통 사람의 수준이지만 무의식은 천재적이라는 것이다. 90%의 무의식을 깨울 수만 있다면 누구나 천재적인 삶을 살 수 있게 되는 것이다.

인문학 독서는 잠자고 있는 두뇌의 천재성을 깨우는 것이다. 천재성을 깨우는 것은 천재적인 사상에 의해서 가능하다. 인문학이 천재들의 작품이기 때문에 인문학 독서를 하면 잠자고 있는 두뇌의 천재성을 깨울 수 있는 것이다. 머리가 부족하다고 생각한다면 인문학 독서를 해야 한다. 다른 사람보다 뛰어난 삶을 살고 싶다면 인문학 독서를 해야 한다. 내가 속한 공동체의 혁신을 이끌고 싶다면 인문학 독서를 해야 한다. 인문학 독서가 당신의 천재성을 깨울 수 있을 것이다. 당신 안에 잠자고 있는 90%의 잠재의식이라는 천재성을 믿고 인문학 독서를 시작하라! 당신의 두뇌가 놀랍게 변할 것이다.

06
독서 천재가 되어 혁신을 이끌자

붓다^{Buddha}는 "인생은 고통이다"라고 말했다. 인생길은 누구에게나 고통스럽다는 말이다. 붓다는 인도에 있는 작은 나라의 왕자로 태어났다. 왕자로서 궁궐에서 풍요를 누리던 붓다는 어느 날 백성들의 피폐한 삶을 보고 큰 충격을 받았다. 백성들이 생로병사^{生老病死}로 큰 고통을 받는 것을 보고 출가를 결심하였다. 붓다는 '사람은 태어나서 행복하고 풍요로운 삶을 살아야 한다. 그러나 많은 사람들이 생로병사의 고통 속에서 살아간다. 어떻게 하면 고통에서 벗어날 수 있을까?'라는 고민을 하면서 출가를 하였다.

 붓다는 많은 수행을 통해서 깨달음을 얻게 되었다. 붓다는 사람이 살아가면서 고통을 피할 수는 없지만 해탈^{解脫}을 하면 정신적으로 고통에서 벗어날 수 있다고 주장하였다. 육체적인 고통은 피할 수 없지만 해탈을 통해서 정신의 힘으로 고통에서 벗어날 수 있다는 것이다. 살아가면서 고통이 없는 삶을 살 수는 없지만 큰 깨달음을 얻으면 정신의 힘으로 고통에서 벗어날 수 있다는 것이다.

인생길에 고통이 있다는 것은 사람이 살아 있다는 증거이다. 죽으면 모든 고통에서 벗어날 수 있다. 그러나 고통을 벗어나기 위해서 죽음을 선택할 수는 없다. 그러므로 고통에서 벗어날 수 있는 길을 찾아야 한다. 붓다는 그 방법을 해탈에서 찾으려고 했지만 나는 인문학 독서에서 찾아야 된다고 생각한다. 인문학 독서로 세상의 이치를 터득하고 천재적인 두뇌를 가지게 되면 많은 고통에서 벗어날 수 있다.

인문학 독서로 천재적인 두뇌의 소유자가 되면 혁신을 이끄는 삶을 살수 있다. 많은 사람들이 가장 힘들어하는 것은 사람과의 관계에서 오는 고통이다. 사람이 가장 큰 행복도 주지만 반대로 가장 큰 고통도 준다. 인문학 독서로 내가 변하면 인간관계가 혁신적으로 변할 수 있다. 사람과의 관계에서 발생하는 많은 문제는 나의 능력이 부족해서 생기는 경우가 많다. 내가 탁월한 삶을 살게 되면 사람들과의 관계도 좋아진다. 내가 운동을 잘하던지 노래를 잘하던지 하면 많은 사람들이 나를 좋아한다. 나의 실력이 좋아지면 사람들과 좋은 관계를 유지할 수 있게 된다.

직장생활에서도 탁월한 두뇌의 소유자가 되어 회사의 혁신을 이끌 수 있게 되면 인정받게 된다. 많은 직장인들이 가장 두려워하는 것이 정리해고이다. 기업의 혁신을 이끌 수 있는 탁월한 사람은 정리해고를 걱정할 필요가 없다. 인문학 독서로 잠자고 있는 천재적인 능력을 깨우면 인정받으면서 직장생활을 할 수 있게 된다. 인생길이 고통의 연속이지만 나의 두뇌가 천재적으로 바뀌면 고통이 행복으로 변하게 될 것이다.

인문학은 사람을 위한 학문이다. 인문학 독서를 통해서 천재적인 두뇌를 가지게 되면 사람을 위해서 살아가는 사람이 되어야 한다. 인문학 독서로 독서 천재가 되어 삶의 혁신을 이끌어야 하는 이유가 사람을 위한 것이 되어야 한다. 인문학 독서를 하는 이유는 하늘의 사명을 감당하기 위한 것이어야 한다. 하늘은 모든 사람이 행복하게 살아가기를 바란다. 하늘은 당신이 독서 천재가 되어 사람들을 행복한 삶으로 이끄는 사람이 되기를 바란다.

많은 사람들이 고통 속에서 살고 있다. 무엇을 해야 할지 어떻게 해야 할지를 몰라서 방황하는 사람이 많다. 인문학 독서로 독서 천재가 되어 혁신을 이끄는 삶을 사는 것은 사람들에게 행복한 삶을 제공해 주는 사람이 되는 것이다. 당신이 교사라면 독서 천재가 되어 교육의 혁신을 이끌어 학생들에게 행복한 교실을 제공해야 한다. 당신이 의사라면 독서 천재가 되어 의술의 혁신을 이루어 환자들에게 행복한 삶을 제공해야 한다.

당신이 정치가라면 독서 천재가 되어 정치 혁신을 이끌어 국민들이 행복한 삶을 살게 해 주어야 한다. 당신이 군인이라면 독서 천재가 되어 장병들에게 행복한 군대 문화를 만들어 주어야 한다. 당신이 경찰이라면 독서 천재가 되어 경찰의 혁신을 이끌어 모든 경찰이 행복한 삶을 살 수 있게 해야 한다. 당신이 기업가라면 독서 천재가 되어 기업의 혁신을 이끌므로써 직원의 삶의 질을 높여 모든 직원이 행복한 삶을 살도록 해야 한다.

인문학 독서를 하면 누구나 독서 천재가 될 수 있다. 독서 천재의 삶은 자신과 가족에게도 많은 유익이 되지만 세상에도 많은 가치를 제공할 수 있다. 대한민국에 독서 천재들이 많아져야 한다. 그래서 더 풍요롭고 아름다운 대한민국을 만들어 가야 한다. 인문학 독서가 많은 독서 천재를 만들게 될 것이다. 지금부터 인문학 독서를 시작해야 한다. 인문학 독서는 개인과 가정과 기업과 국가의 운명을 바꿀 수 있다. 인문학 독서로 혁신을 이끌자! 인문학 독서로 혁신을 이끄는 삶을 살자!

07

인문학 독서로 사랑하는 사람이 되자

명심보감^{明心寶鑑}에 "큰 부자는 하늘에 달려 있고 작은 부자는 부지런함에 달려 있다"는 말이 있다. 작은 성공은 자신의 노력으로 이룰 수 있지만 큰 성공은 하늘이 도와주어야 한다는 뜻이다. 큰 성공은 사람의 힘만으로는 불가능하고 하늘의 도움이 필요하다는 것이다. 그렇다면 하늘은 어떤 사람을 도와주겠는가? 하늘은 사람을 차별하지 않고 모든 사람을 사랑한다. 모든 사람이 하늘의 선택을 받을 수 있다는 것이다. 수많은 사람들 가운데 하늘의 선택을 받는 사람은 어떤 사람일까?

대중스타가 되는 것은 국민의 마음을 얻는 것이다. 큰 성공을 이루는 것은 대중에게 사랑을 받는 것을 의미하기 때문이다. 세상에서 가장 힘들고 어려운 것이 사람의 마음을 얻는 것이다. 사람의 마음을 얻는 것이 가장 힘들다는 것은 결혼을 살펴보면 알 수 있다. 결혼은 사랑하기 때문에 하는 것이다. 결혼은 죽고 못 살만큼 사랑하기 때문에 함께 살고 싶어서 하는 것이다.

죽고 못 살만큼 사랑해서 결혼을 하지만 시간이 지나면 사랑이 식는다. 사랑이 식으면 갈등이 생기고 다툼을 하게 된다. 갈등과 다툼이 심할 경우에는 이혼을 하기도 한다. 사랑해서 결혼하지만 결국 상대방의 마음을 얻지 못해서 이혼하게 되는 것이다. 이와 같이 사람의 마음을 얻는다는 것은 정말 힘든 일이다. 한 사람의 마음도 얻지 못해서 이혼하기도 하는데 대중스타가 되어 대중의 사랑을 받는다는 것은 사람의 힘만으로는 불가능한 일이다.

큰 성공을 거두거나 대중스타가 되는 것은 하늘의 도움이 없이는 불가능하다. 사람의 힘으로는 한 사람의 마음도 얻지 못한다. 따라서 사람의 힘으로 대중의 마음을 얻는다는 것은 불가능한 일이다. 그러나 사람의 힘으로 불가능한 것이 하늘의 도움으로는 가능하다. 그렇다면 어떤 사람이 하늘의 도움을 받는 사람이 될 수 있을까? 어떤 사람이 하늘의 선택을 받아서 대중의 마음을 얻을 수 있을까?

하늘은 사랑하는 사람을 도와준다. 하늘은 사람을 사랑하는 사람에게 하늘의 축복을 허락한다. 하늘은 차별하지 않고 모든 사람을 사랑하지만 축복은 예외다. 하늘의 축복은 하늘의 선택을 받은 사람에게만 임하는 것이다. 하늘의 선택을 받아 하늘의 축복을 받은 사람이 대중의 사랑을 받는 것이다. 하늘이 아무에게나 하늘의 축복을 허락하지 않는 이유가 있다. 사람을 사랑하지 않는 사람이 축복을 받으면 그 축복이 저주가 되기 때문이다.

사람을 사랑하는 사람은 나를 넘어선 사람이다. 나를 넘어 너와 우리를 위하는 사람이다. 하늘의 축복이 사랑하는 사람에게 임하면 그 축복은 흐르게 되어 있다. 나를 넘어 너와 우리에게 축복이 흐르게 한다. 반대로 자기 안에 갇혀 있는 사람에게 축복이 임하면 그 축복은 썩는다. 물이 흘러야 썩지 않듯이 축복도 흘러야 썩지 않는다. 사랑이 없는 사람은 자신을 넘어서지 못한 사람이다. 자기 안에 갇혀 있는 사람에게 축복이 임하면 그 축복은 흐르지 않고 썩게 된다.

사랑은 하늘의 축복을 받는 가장 큰 이유이다. 사랑하는 사람에게 하늘의 축복이 임하면 세상이 아름답게 되기 때문이다. 사랑하는 사람이 축복이 흐르게 하기 때문이다. 축복이 흐르고 흘러야 많은 사람들이 행복하고 풍요로운 삶을 살게 되는 것이다. 하늘의 축복을 받고 싶으면 사랑하는 사람이 되어야 한다. 대중의 사랑을 받고 싶으면 사랑하는 사람이 되어야 한다.

'독서의 결론은 사랑이다'라는 말이 있다. 독서의 결론이 사랑이듯이 인문학 독서의 결론도 사랑이다. 그래서 인문학 독서를 하면 누구나 사랑하는 사람이 된다. 인문학의 저자들이 사랑하는 사람이었기 때문이다. 천재들이 사랑의 화신이었기 때문이다. 천재적인 사상을 가진 인문학의 저자들은 사랑의 화신이 되어 인문학을 기록했다. 그래서 인문학을 읽으면 사랑에 눈을 뜨게 되는 것이다.

인문학의 저자들과 천재들이 사랑의 화신인 이유는 천재적인 업적과 성취를 하기 위해서는 사랑이 필요하기 때문이다. 천재적인 업적과 성취를 이루는 것은 사람을 사랑하고 자신의 일을 사랑하지 않고는 불가능하다. 사람을 사랑하지 않고 자신의 일을 사랑하지 않으면 삶의 태도가 적당주의에 빠지게 된다. 적당주의에 빠져 사는 사람이 어떻게 위대한 업적과 성취를 남길 수 있겠는가? 그래서 위대한 업적과 성취 뒤에는 반드시 사랑이 있는 것이다.

인문학 독서를 한다고 해서 처음부터 사랑이 보이는 것은 아니다. "아는 만큼 보인다"는 말이 있다. 모든 것은 자신이 아는 만큼만 보인다는 말이다. 사람들은 같은 말을 들어도 서로 다르게 해석하고 같은 책을 읽고도 다르게 해석한다. 자기가 아는 만큼만 이해하고 수용하기 때문이다. 인문학 독서를 하면 처음에는 사랑이 보이지 않는다. 그러나 포기하지 않고 반복해서 독서를 하면 언젠가는 사랑에 눈을 뜨게 된다. 인문학이 사랑에 대한 책이기 때문이다.

인문학을 읽으면 처음에는 사랑이 전혀 보이지 않지만 반복 독서를 하면 사랑이 조금씩 보이기 시작한다. 처음에는 조금씩 보이다가 인문학 독서가 쌓이면 점점 크게 보이기 시작한다. 사랑이 점점 크게 보이다가 결국에는 사랑의 화신이 된다. 인문학의 저자들이 사랑의 화신이 되어 인문학을 기록했기 때문이다. 사랑의 화신이 되어서 하늘의 축복을 받는 비결은 인문학 독서를 하는 것이다.

지금까지 인생이 잘 풀리지 않았다면 인문학 독서를 해야 한다. 지금까지 불행한 인생을 살았다면 인문학 독서를 해야 한다. 지금까지 실패자의 삶을 살았다면 인문학 독서를 해야 한다. 인문학 독서로 사랑에 눈을 뜨면 당신의 인생에도 하늘의 축복이 임할 것이다. 인문학 독서를 하라! 당신의 삶이 온통 사랑으로 가득하게 될 것이다. 인문학 독서를 하라! 당신의 삶이 온통 하늘의 축복으로 가득할 것이다.

08
사랑은 위대한 업적과 성취의 배경

하늘은 사랑하는 사람에게 하늘의 축복을 내려 준다. 그래서 사랑으로 위대한 삶을 살아간 사람이 많다. 사랑으로 위대한 업적과 성취를 이룬 사람이 많다. 위대한 업적과 성취를 이루기 위해서는 반드시 사랑이 필요하다. 사람을 사랑하고 자신의 일을 사랑하는 사람은 위대한 도전을 하게 된다. 위대한 도전을 하는 가운데 하늘의 축복이 함께하는 사람이 위대한 업적과 성취를 남기게 되는 것이다.

우리 선조들 중에도 사랑으로 위대한 업적과 성취를 남긴 사람이 많다. 대표적인 분은 이순신 장군이다. '명량'이라는 영화가 개봉되어 큰 인기를 얻었다. 대한민국에 영화가 상영된 이후로 가장 많은 인기를 얻었다. '명량'이 큰 인기를 끈 이유는 영화의 작품성보다 이순신 장군의 인기 때문이라는 말도 있다. 그만큼 이순신 장군이 대한민국에 남긴 정신은 위대하다. 이순신 장군도 사랑이 가득한 삶을 살았다. 나라와 백성을 사랑하는 마음으로 불타오르는 삶을 살았다. 불타오르는 사랑의 정신으로 위대한 업적과 성취를 남긴 것이다.

　이순신 장군은 두 번이나 백의종군白衣從軍하였다. 백의종군은 벼슬이나 직위 없이 군대를 따라 싸움터로 나간다는 뜻으로 장군의 신분에서 일반 사병으로 강등되는 것이다. 장군의 신분을 내려놓고 사병이 된다는 것은 장수들에게는 죽기보다도 더 싫은 치욕이다. 그러나 이순신 장군은 모든 수치와 모욕을 이겨냈다. 나라와 백성에 대한 사랑으로 이겨냈다. 그것은 애국과 애민 정신으로 가득한 피 끓는 사랑이었다. 나라를 사랑하고 백성을 사랑하는 마음이 자신의 수치와 모욕을 능히 이기고도 남을 만큼 컸기 때문이었다.

　장군이 백의종군하게 된 이유는 임금인 선조에게 반역을 했다는 이유에서였다. 일본은 도저히 이순신 장군을 이길 수 없다고 판단하여 이간책을 사용하였다. 임금과 장군의 사이를 갈라놓으려는 술책을 쓴 것이다. 그래서 거짓 정보를 흘려 선조를 흔들리게 하였다. 거짓 정보를 들은 선조는 이순신 장군에게 부산포로 진격하라는 명령을 내렸다. 그러나 이순신 장군은 이것이 일본의 간교한 술책임을 알고 출정하지 않았다.

　이순신 장군은 출정하지 않으면 자신이 죽임을 당할 수도 있다는 것을 알았지만 출정하지 않았다. 출정하면 일본의 계책에 말려서 모든 장졸이 다 죽을 수도 있다고 판단했기 때문이다. '지금 출정하면 모두 죽겠지만 출정하지 않으면 나만 죽는다. 나는 반역자가 되어 죽지만 장졸은 살릴 수 있다'고 판단하였기 때문에 출정하지 않았다. 자신은 죽더라도 장졸들을 살릴 수만 있다면 그 길을 가겠다는 애끓는 장군의 사랑이 있었다. 반대로 원균은 선조의 명령을 따라서 출정했다가 160척이 넘는 배와 조선 수군이 전멸당하게 만들었다. 원균은 배를 버리고 도망치다가 결국 일본군의 손에 죽임을 당했다.

이순신 장군의 백의종군하는 모습을 보면서 많은 생각이 들었다. 장군은 백의종군뿐만 아니라 수많은 고문을 당했다. 어명을 거역한 대역죄인의 신분이기 때문에 사람이 견딜 수 없는 무자비한 고문을 당하였다. 장군의 사랑은 무자비한 고문의 고통도 이겨냈다. 장군은 무자비한 고문의 고통에도 아랑곳하지 않고 다시 전선으로 향하였다. 정말 대단한 사랑이다.

내가 만약 이순신 장군이라면 어떻게 했을까? 내가 만약 억울하게 대역죄인으로 몰리는 상황에 처했다면 어떻게 했을까? 내가 만약 수많은 고문을 받았다면 어떻게 했을까? 내가 만약 고문을 받은 후에 다시 나라를 위해서 싸워야 한다면 어떻게 했을지를 생각해 보았다. 영화 '명량'에서 이순신 장군의 아들 회가 병을 핑계로 고향으로 돌아가자고 말하는 것을 보고 나도 고향에 돌아가서 모든 것을 잊고 조용히 여생을 보내는 것을 선택했을 수도 있겠다는 생각이 들었다.

장군은 명량해전을 앞두고 부담감 때문에 토사곽란이 일어 밤새 10번이 넘도록 구토하였다. 장군도 사람이고 다른 사람들과 똑같이 정신적인 고통과 두려움과 부담감에 시달렸다는 것이다. 배설이라는 장수가 도망친 것은 어쩌면 당연한 일일 수도 있다. 정상적으로 판단하는 사람이라면 12척의 배로 330척의 배와 맞서 싸운다는 생각은 할 수 없었을 것이다. 그러나 장군은 당당하게 맞서 싸웠다.

명량해전에 출정하기 전에 장군은 "두려움을 용기로 바꿀 수만 있다면 이길 수 있다"고 하였다. 많은 장졸들이 두려워 떨고 있다는 것을 잘 알고 있었던 것이다. 아들 회가 "어떻게 두려움을 용기로 바꿀 수 있겠습니까?"라고 하자 "내가 죽어야지"라고 대답한다. 그리고 실제로 330척의 배 앞으로 돌진하였다. 다른 11척의 배는 저 멀리 떨어져 있는 채로 장군이 탄 대장선만 적들과 맞서 싸운 것이다. 장군은 자신의 죽음으로 두려움을 용기로 바꾸려고 한 것이다.

'명량'에서 장군은 회오리바람과 백성들의 도움으로 간신히 목숨을 건지고 승리할 수 있었다. 이것은 장군의 사랑에 대한 하늘의 축복이다. 사랑하는 사람에게 하늘의 축복이 함께하는 것이다. 장군은 "백성이 나를 끌어준 것이 천행인지, 회오리가 몰아친 것이 천행인지 생각해 보거라"라고 하였다. 하늘이 자신을 도와주었기 때문에 명량해전을 승리로 이끌 수 있었다는 것을 안 것이다. 이순신 장군처럼 위대한 삶을 살기 원한다면 사랑에 눈을 떠야 한다.

김구 선생도 사랑으로 위대한 삶을 산 분이다. 김구 선생은 독립운동을 하다가 1911년 신민회 사건에 연루되면서 투옥되었다. 김구 선생은 투옥된 후 일본 순사들에게 모진 고문을 받았다. 밤새 고문을 받고 아침에 방으로 돌아온 후에 대성통곡을 하면서 울었다고 한다. 김구 선생이 대성통곡하면서 운 것은 고문당한 것이 아파서가 아니었다. 억울하고 안타까웠기 때문이다.

김구 선생이 밤새 고문을 당하면서 일본 순사들을 지켜보니 일본 순사들은 자신에게서 정보를 알아내기 위해 잠도 안 자고 밤새 고문을 하였다. 그런 일본 순사들의 모습을 보면서 저들은 일본이라는 나라를 위해서 잠도 안 자고 저렇게 애를 쓰는데 나는 그동안 무엇을 했는가! 자신은 그동안 나라와 민족을 위해서 한 번도 밤을 새워가며 애를 써서 노력해 본 적이 없는 것이 억울하고 안타까워 울었다고 한다. 그때 김구 선생은 사랑에 눈을 뜨게 된 것이다.

김구 선생은 일본에게 나라를 빼앗긴 것은 결국 사랑이 부족했기 때문이라는 것을 깨닫게 되었다. 일본 사람들이 나라를 사랑하는 마음이 우리나라 사람들이 나라를 사랑하는 마음보다 더 크기 때문에 나라를 빼앗겼다는 것을 깨달았다. 그래서 김구 선생은 눈물을 흘린 것이다. 사랑이 부족해서 나라를 빼앗겼다는 것을 깨달은 후로 사랑의 화신이 되었다. 김구 선생은 나라를 다시 찾으려면 일본 사람들보다 더 사랑해야 한다는 것을 알았다. 그 사랑이 자라서 대한민국에서 사랑이 가장 강한 사람이 되었다. 나라를 사랑하는 마음이 가장 컸기 때문에 결국 대한민국 임시정부의 대통령까지 된 것이다.

김구 선생이 임시정부의 대통령이 된 것은 정말 놀라운 일이다. 김구 선생은 중인의 신분이었다. 조선은 신분제도가 있는 나라였다. 신분제도가 있는 나라에서 양반이나 귀족 출신이 아닌 중인이 대통령이 된 것이다. 김구 선생이 임시정부의 대통령이 되기까지는 많은 사람의 반발이 있었을 것이다. 그러나 김구 선생의 나라를 사랑하는 마음이 가장 컸기 때문에 모든 반대와 어려움을 이겨내고 대통령 자리에 오를 수 있었던 것이다.

위대한 삶을 살기를 원한다면 반드시 사랑에 눈을 떠야 한다. 가장 크게 성공하는 사람은 가장 크게 사랑하는 사람이기 때문이다. 가장 높은 자리에 오르고 싶은 사람은 가장 높은 사랑을 실천하면 된다. 가장 많은 사랑을 받고 싶다면 가장 많은 사랑을 실천하면 된다. 대중의 사랑을 받고 싶으면 대중을 사랑하면 된다. 국민적인 사랑을 받고 싶으면 국민을 사랑하면 된다. 사랑이 강한 사람이 되어야 한다. 사랑이 가장 강한 사람이 하늘의 축복을 가장 크게 받을 수 있기 때문이다.

09
사랑은 1미리씩 자란다

하늘의 축복을 가장 많이 받고 싶으면 사랑이 가장 강한 사람이 되면 된다. 사랑이 가장 강한 사람이 되면 하늘의 축복을 가장 많이 받아서 가장 큰 성공을 이룰 수 있기 때문이다. 가장 행복하고 성공적인 인생을 살고 싶다면 가장 강한 사랑을 하는 사람이 되어야 한다. 사랑이 행복하고 성공적인 인생을 살아가게 해 주는 지름길이기 때문이다. 그렇다면 어떻게 사랑을 실천해야 할까? 어떻게 하면 위대한 사랑을 실천하는 사람이 되어서 하늘의 축복을 받는 삶을 살 수 있을까?

나는 사랑을 모르는 사람이었다. 사랑을 모르는 사람이었지만 독서에 입문하고 사랑에 눈을 뜨게 되었다. '독서의 결론은 사랑이다' '인문학의 결론도 사랑이다'라는 말처럼 독서를 하면서 사랑에 눈을 뜨게 되었다. 모든 책은 사랑에 대한 이야기들을 기록한 것이다. 사랑을 모르던 나도 읽은 책이 한 권 한 권 쌓이면서 사랑에 눈을 뜨게 되었다. 그리고 사랑에 눈을 뜨면서 사랑을 실천하는 삶을 살게 되었다. 사랑을 실천하자 나의 삶에도 행운이 일어나기 시작했다. 평범한 나의 삶에도 하늘의 축복이 임하기 시작한 것이다.

나는 300권 정도의 책을 읽으면서 사랑에 눈을 뜨게 되었다. 정확히 몇 권 째라고 말할 수는 없지만 300권 가까이 읽으면서 책 속에서 사랑이라는 단어를 발견하기 시작했다. 사랑이라는 단어가 내 눈에 들어오기 시작한 것이다. 사랑과 전혀 관계없는 삶을 살던 내 눈에 사랑이라는 단어가 보이기 시작한 것이다. 독서의 세계에는 '아는 만큼 보인다'는 말이 있다. 책은 내가 아는 만큼 이해할 수 있다는 말이다. 사랑을 몰랐을 때는 책 속에서 사랑이라는 단어를 볼 수 없었다. 그러나 300권의 책을 읽으면서 사랑에 눈을 뜨게 되었다.

나는 사랑에 눈을 뜨면서 사랑을 실천하지 않고는 못 견디게 되었다. 그래서 사랑을 실천할 방법을 찾았다. 처음부터 위대한 사랑을 실천할 수는 없었다. 그래서 내가 할 수 있는 것부터 하기로 마음먹고 독서 모임을 시작하였다. 나의 삶을 혁명적으로 바꿔준 독서를 나누는 것이 가장 큰 사랑의 실천이라는 생각이 들었다. 실제로 독서 모임은 가장 큰 사랑의 실천이 되어 가고 있다. 나와 함께 독서 모임을 하면서 인생이 바뀐 사람이 많다. 그들은 독서 모임이 '사람을 살렸다'고 표현한다.

독서 모임은 수익을 목적으로 하지 않았다. 오직 재능기부를 하기 위한 목적으로만 독서 모임을 진행하였다. 독서 모임을 진행하면서 사랑이 자라기 시작했고 사랑이 커지면서 독서 모임 회원들에게 5천 원의 회비를 받았다. 그리고 회비를 모아서 회비 전액을 기부하였다. 독서 모임에 참가하는 회원들도 많이 좋아하였다. 독서 모임도 하고 기부도 할 수 있다고 하면서 기뻐하였다.

독서 모임을 진행하다가 사랑이 더 자라게 되었다. 그래서 독서 모임의 회원들과 천안 시내의 저소득층 가구가 사는 지역에 있는 아동센터에 방문하여 무료로 독서지도를 하기 시작했다. 아동센터에 다니는 아이들은 지적수준이 많이 떨어지고 성격이 거친 아이들이 많았다. 아무래도 결손가정의 아이들이 많아서 부모님의 사랑과 관심이 부족하다보니 그런 듯했다. 나는 독서 모임 회원들에게 "가르치려고 하지 말고 사랑만 나누어 주자"고 말하였다. 아이들이 사랑을 많이 못 받고 자라서 애정결핍으로 인한 문제들이 많기 때문에 사랑만 많이 주는 선생님이 되자고 한 것이다.

가르치기보다는 사랑을 주려는 교사들의 노력은 많은 결실을 보고 있다. 처음에 아동센터를 방문했을 때 아이들의 모습은 말로 표현할 수 없을 만큼 안타까웠다. 교사인 우리가 옆에 있어도 전혀 아랑곳하지 않고 자기들끼리 싸우고 욕하며 울부짖었다. 한마디로 통제가 불가능한 아이들이었다. 한 아이는 꿈이 뭐냐고 묻는 질문에 "깡패가 될 거에요"라고 대답해 우리들을 경악시키기도 하였다.

아이들에게 사랑을 주자 아이들이 변하기 시작하였다. 한 학기를 마치고 종강 시간에 작은 파티를 열었는데 그때 깡패가 되겠다고 했던 아이가 "선생님처럼 가르치는 사람이 되고 싶어요"라고 말해 우리들을 감동시켰다. 다른 아이는 눈물을 글썽이면서 "선생님 내년에도 꼭 오실 거죠?"라고 말해 우리들을 눈물짓게 만들었다. 나는 4년 넘게 이 아이들과 함께하고 있다. 이 아이들이 지금은 많이 변했다. 학교 성적이 많이 좋아진 아이도 있고 성격이 따뜻해진 아이도 많다. 사랑이 답이었다. 아이들을 바꾼 것은 사랑이었다.

나는 점점 더 사랑이 자라기 시작했다. 사랑이 자라서 교도소에서 인문학 특강을 재능기부로 하고 있다. 교도소는 인간 지옥이다. 이 땅에서 경험할 수 있는 인간 지옥이 맞는 것 같다. 교도소에서는 내가 하고 싶다고 할 수 있는 것이 아니다. 내가 아무리 하고 싶은 것이 있어도 모두 교도관의 허락을 받아야 할 수 있다. 교도소는 자유를 박탈당한 채 살아가는 곳이다. 그리고 가족과 사람들이 보고 싶어서 그리움이 사무칠 때가 많은 곳이다. 그곳은 많이 힘들고 외롭게 살아가는 사람들이 모인 곳이다.

나는 힘들고 외로운 재소자들에게 희망의 특강을 하고 있다. 교도소에서 보내는 시간을 사람과 세상을 원망하면서 보내지 말고 미래를 준비하는 시간이 되게 하라고 동기를 부여하고 있다. 나는 확신을 갖고 자신 있게 "과거를 바꿀 수 없고 현재의 상황도 바꿀 수 없지만 미래는 얼마든지 바꿀 수 있다"고 말하고 있다. 한 교도소 정문에는 '꿈이 있으면 다시 시작할 수 있습니다'라는 문구가 적혀 있다. 교도소에서도 희망을 잃지 않으면 얼마든지 다시 시작할 수 있다는 것이다. 그래서 교도소에서 희망을 잃지 않고 새로운 사람이 되어 사회에 복귀하면 얼마든지 희망찬 미래를 살아갈 수 있다고 동기부여를 하고 있다.

교도소에 가고 싶어서 간 사람은 아무도 없다. 살다 보니 실수와 잘못을 저질러 교도소에 갇히게 된 것일 뿐이다. 재소자들은 나와 다른 별나라 사람이 아니라 나와 똑같은 사람일 뿐이다. 나는 재소자들을 두려워하거나 미워해서는 안 된다고 생각한다. 나는 재소자들이 희망을 가지고 열심히 살아가도록 도와야 한다고 생각한다. 재소자들은 앞으로 우리의 이웃으로 다시 돌아올 사람들이기 때문이다. 그때 좋은 이웃으로 돌아올 것인가, 아니면 나쁜 이웃으로 돌아올 것인가는 지금 이 순간에 달려 있다. 나는 이런 마음으로 재소자들에게 사랑을 나누며 그들에게 희망을 전하는 삶을 살아가고 있다.

사랑은 1미리씩 자란다. 많이 자라지 않는다. 하루에 1미리씩 자라는 것 같다. 하루에 1미리씩 자라지만 나중에는 세상을 바꿀 수 있는 위대한 사랑으로 커지는 것이다. 테레사 Teresa 수녀는 사랑의 화신이었다. 그러나 테레사 수녀도 처음부터 위대한 사랑을 실천하지는 못했을 것이다. 그녀가 할 수 있는 작은 일부터 했을 것이다. 그 작은 사랑들이 자라서 세상을 바꾸는 위대한 사랑으로 커졌을 것이다. 사랑은 크고 위대한 것부터 시작할 수 있는 것이 아니다. 내가 할 수 있는 작은 사랑부터 실천하는 것이다. 그 사랑이 1미리씩 자라서 세상을 바꾸는 위대한 사랑이 되는 것이다.

사랑이 부족하다고 생각한다면 인문학 독서를 시작하라! 삶이 답답하고 잘 안 풀린다면 인문학 독서를 시작하라! 갈등과 다툼 때문에 괴로운 인생을 살고 있다면 인문학 독서를 시작하라! 더 나은 삶을 살고 싶다면 인문학 독서를 시작하라! 행복하고 풍요로운 삶을 살고 싶다면 인문학 독서를 시작하라! 성공적인 인생을 살고 싶다면 인문학 독서를 시작하라! 인문학 독서가 당신을 사랑의 화신으로 만들어 줄 것이다. 당신이 사랑의 화신이 되면 하늘의 축복이 임할 것이다.

독서 천재가 되는

10가지

방법

POWER OF READING

속독 VS 정독 VS 통독 VS 다독

독서를 잘하는 방법은 무엇일까? 독서를 어떻게 하면 잘할 수 있을까? 독서가 좋다는 것은 다 안다. 독서가 좋다는 것을 모르는 사람은 없는 것 같다. 그러나 독서가 좋다는 것을 알면서도 정작 독서를 열심히 하는 사람은 많지 않다. 독서의 중요성도 알고 독서가 좋다는 것도 다 알고 있지만 독서하지 못하는 것은 독서에 쉽게 접근하는 방법을 잘 모르기 때문이다.

독서는 무조건 쉽게 접근해야 한다. 사람들에게 독서에 대해서 물어보면 "내가 독서를? 내가 독서를 어떻게 해!" "독서는 작가나 특별한 사람만 하는 거 아니야?"라고 말한다. 독서하는 사람을 다른 세계에서 온 사람처럼 생각한다. 독서를 특별한 사람만 할 수 있는 것이라고 생각하기 때문이다. 그러나 독서는 특별한 사람만 하는 것이 아니다. 독서는 모든 사람이 해야 하는 것이다. 더 행복하고 더 풍요로운 삶을 살기 위해서는 반드시 독서를 해야 한다.

독서는 어떤 속도로 해야 할까? 독서의 방법에 관해 듣는 질문 중 가장 많이 듣는 질문이다. 독서는 속독이 좋을까, 정독이 좋을까? 아니면 통독이 좋을까, 다독이 좋을까? 물론 어떤 것이 더 좋다고 말할 수는 없다. 사람마다 성향이 달라서 어떤 사람에게는 속독이 필요하고 어떤 사람에게는 정독이 필요하다. 그리고 어떤 사람에게는 통독이 필요하고 어떤 사람에게는 다독이 필요한 것이다. 따라서 어떤 한 가지 독서 방법이 더 좋다고 말하기는 어렵다. 다만 어떤 방법을 선택하든지 자신에게 맞는 독서 방법으로 읽는 것이 가장 좋다.

속독速讀은 책을 빨리 읽는 것이다. 책을 빨리 읽으면 여러 가지 좋은 점이 많다. 책을 빨리 읽으면 많은 책을 읽을 수 있고 책에 대한 부담도 거의 없다. 그러나 독서의 궁극적인 목적을 생각할 때는 다시 한 번 생각해 보아야 한다. 독서의 목적은 행복하고 성공적인 삶을 살기 위해서 하는 것이다. 행복하고 성공적인 삶을 살기 위해서는 삶의 변화와 성장이 이루어져야 한다. 삶의 변화와 성장을 이루는 독서를 하기 위해서는 깨달음을 얻고 실천하는 독서를 해야 한다.

속독은 장점이 많은 독서 방법이지만 삶의 변화와 성장을 위한 깨달음을 얻기 위한 독서와는 거리가 있다. 책은 책을 읽으면서 이해되는 속도로 읽는 것이 가장 좋은 독서 방법이다. 자신의 속도대로 읽으면서 깨달음을 얻고 실천하기 위한 독서를 하면 되는 것이다. 그러면 속도는 자연스럽게 빨라지게 되어 있다. 읽은 책이 많아져서 지적 능력이 많아지면 속도는 점진적으로 빨라진다.

독서를 하다 보면 속도에 대한 욕심이 생긴다. 물론 천천히 단어 하나 하나를 음미해 가면서 읽는 사람도 있지만 대부분은 빨리 읽기를 원한다. 그래서 속독에 관심을 갖기도 하고 실제로 속독 훈련을 하는 사람도 있다. 그러나 속독은 인위적인 것이라서 권장하고 싶지는 않다. 속도는 자연스럽게 빨라지는 것이 좋다. 독서 습관이 잡히고 독서력이 쌓이면 속도는 자연스럽게 빨라지게 되어 있다. 인위적으로 속도를 빨라지게 하는 것보다 자연스럽게 빨라지는 것이 가장 좋다. 독서의 속도는 책이 이해되는 속도가 가장 좋은 것이다.

정독精讀은 가장 대중적인 독서 방법이다. 대부분의 사람들이 정독으로 독서를 하고 있다. 정독은 천천히 뜻을 음미해 가면서 책을 읽는 것이다. 정독할 때 주의해야 할 점은 자신의 속도로 읽어야 하는 것이다. 뜻을 음미하고 이해하면서 읽기 위해서는 자신의 속도로 읽어야 한다. 자신이 이해되는 속도로 읽어야 한다.

독서에 처음 입문하면 정독을 하는 것이 좋다. 천천히 뜻을 이해하면서 읽는 것이 좋다. 물론 책을 읽는 속도는 느리겠지만 올바른 독서 습관을 들일 수 있는 가장 좋은 방법이다. 따라서 독서에 새로 입문한 초보자는 무조건 정독을 하기를 추천한다.

정독은 뜻을 이해하고 음미해 가면서 읽는 독서 방법이기 때문에 정독으로 독서를 할 때는 음독音讀을 병행하는 것이 좋다. 음독은 속으로 소리를 내면서 읽는 방법이다. 책을 읽을 때 눈으로만 읽지 말고 속으로 발음하면서 읽으면 집중이 더 잘되기 때문이다. 독서 습관이 잡혀 있지 않을 때는 대부분 집중이 잘 안 되기 마련이다. 집중이 안 되면 이해력도 떨어지고 어디를 읽고 있는지도 놓치게 되어 읽던 곳을 찾아야 할 때도 있다.

그래서 음독을 병행하면 집중력이 좋아져 이해력도 좋아지고 읽는 곳도 놓치지 않게 된다. 그래서 독서에 처음 입문한 사람은 정독으로 독서하기를 추천하는 것이다. 정독으로 천천히 책을 읽으며 독서 습관을 잡아가면서 속도를 높여 가면 된다.

통독通讀은 '처음부터 끝까지 모두 읽는' 독서 방법이다. 정독은 '아주 세세한 뜻까지 모두 파헤쳐 이해하며 읽는' 독서 방법이다. 정독과 통독은 약간 반대의 개념을 가지고 있다. 통독은 세세한 부분까지 파고들어 이해하면서 읽는 방법은 아니다. 그래서 처음 독서에 입문해서 독서 습관이 잡히지 않은 사람에게는 통독이 아니라 정독을 권하는 것이다. 그러나 독서 습관이 잡혀가는 사람에게는 통독을 권하고 있다. 정독보다는 통독이 훨씬 빠르게 읽는 독서 방법이기 때문이다.

통독은 처음부터 끝까지 한 번에 읽는 독서 방법이라서 정독에 비해 속도는 빠르지만 이해력은 떨어질 수 있다. 통독은 정독에 비해서 이해력은 떨어지지만 정독보다 속도가 빠르기 때문에 꼭 필요한 독서 방법이다. 독서할 때 속도도 매우 중요하기 때문이다. 책을 읽을 때 속도를 내지 않고 너무 느리게 읽으면 지루해진다. 지루하고 진도가 너무 느리면 중간에 책 읽기를 포기하기가 쉽다. 그래서 통독으로 처음부터 끝까지 빨리 읽는 독서 방법도 꼭 필요한 것이다.

통독은 중간에 멈추지 않고 독서하는 방법이다. 그래서 뜻을 세세하게 음미해 가면서 읽는 정독에 비해 이해력이 떨어질 수 있다. 통독이 정독에 비해서 이해력이 떨어지는 것을 보완하기 위해서는 책을 읽으면서 중간에 밑줄을 치거나 포스트잇을 붙이는 방법을 활용해야 한다. 독서 후에 밑줄 친 것과 포스트잇을 붙여놓은 것을 중심으로 필사를 하거나 사색을 하면 된다.

통독이 정독보다 이해도가 부족한데도 권하는 이유는 독서의 리듬도 중요하기 때문이다. 독서를 하는 것은 쉽지 않다. 그래서 독서의 리듬을 유지하면서 읽는 것이 중요하다. 통독은 독서의 리듬을 유지하면서 읽을 수 있는 독서 방법이다. 독서가 어렵고 집중이 잘 안 되는 사람은 통독을 하는 것도 괜찮다. 빨리 읽으면 독서 리듬도 안 깨지고 효율도 좋아서 성취감을 맛볼 수 있기 때문이다.

독서를 제대로 하려면 정독을 해야지 통독을 하면 안 된다는 주장도 있다. 그러나 나는 통독을 해도 괜찮다고 주장한다. 왜냐하면 사람에게는 잠재의식이 있기 때문이다. 우리가 사용하는 두뇌의 10%가 의식이고 사용하지 않는 90%가 무의식과 잠재의식이라고 한다. 통독을 하면 사람의 의식으로는 이해하지 못하는 부분도 있겠지만 잠재의식으로는 다 이해한다. 잠재의식에는 천재적인 능력이 있기 때문이다. 그래서 잠재의식을 믿고 통독을 해도 괜찮은 것이다.

다독多讀은 말 그대로 많은 책을 읽는 것이다. 처음에는 정독으로 독서 습관을 들이는 것이 좋지만 독서 습관이 잡히면 통독으로 다독을 하는 것이 좋다. 독서에는 임계점이 있다. 아무리 큰 그릇이라도 물을 계속 부으면 넘치게 되어 있다. 사람의 두뇌도 계속 독서를 하면 넘치게 되어 있다. 다독을 통해서 독서의 임계점을 넘으면 두뇌에서 지식 빅뱅이 일어나는데 지식 빅뱅이 일어나면 놀라운 능력을 발휘하는 사람이 된다. 지식 빅뱅이 일어나게 하는 방법으로 다독이 가장 좋은 방법이다.

지식 빅뱅이 일어나는 독서를 하면 사람이 폭발적으로 변하고 성장하게 된다. 의식혁명이 일어났다고 할 만큼 큰 변화가 일어나는 것이다. 지식 빅뱅을 이끌 수 있는 최소한의 임계점은 일주일에 두 권의 책을 읽는 것이다. 엄청난 지식 빅뱅을 경험하고 싶다면 하루에 한 권의 책을 읽으면 된다. 하루에 한 권의 책을 읽어서 3년 동안 천 권을 읽으면 두뇌가 혁명적으로 변하고 지식 빅뱅을 경험하게 된다.

다독이 필요한 두 번째 이유는 자신의 관심분야를 잘 모르기 때문이다. 관심이 있는 분야를 잘 모르는 것은 지식이 부족하기 때문이다. 그래서 독서는 T자형 독서를 추천하고 있다. 다독을 통해서 많은 책을 읽다 보면 관심 있는 분야를 알게 된다. 그때 그 분야를 깊이 연구하면 된다.

다독을 통해서 지식의 폭이 넓어지면 통섭通涉의 경지에도 이를 수 있다. 자기 분야만 알아서는 한계가 있다. 자기 분야를 넘어서 모든 분야와 조화를 이룰 수 있어야 한다. 다독을 통해 지식의 폭을 넓혀가면서 T자형독서를 하면 모든 분야를 통섭할 수 있는 전문가가 될 수 있다. 미래는 통섭할 수 있는 전문가가 필요한 시대이다.

02

자신에게 맞는 독서 방법이 최고다

독서를 어떻게 해야 할까? 어떤 방법으로 하는 것이 좋을까? 독서는 자신에게 맞는 방법이 가장 좋은 방법이다. 여러 가지 방법을 제시해 놓았지만 가장 좋은 방법은 자신의 방법을 찾아서 책을 읽는 것이다. 독서법은 단지 참고만 할 뿐이다. 독서법을 참고하여 자신에게 맞는 독서법을 찾아가는 것이다. 독서법 전문가들이 제시해 놓은 방법도 자신에게 맞는 방법이다. 독서법을 연구하면서 자신에게 맞는 최고의 독서 방법을 찾아서 정리한 것이다.

독서법에 관한 책을 읽어 보면 여러 가지 다양한 방법을 제시하고 있다. 그리고 전문가들은 자신의 방법이 옳다고 강력하게 주장하기도 한다. 그래서 다양한 독서 방법 중에서 어떤 독서 방법을 따라서 읽어야 할지 고민하게 된다. 그러나 고민할 필요가 없다. 전문가들의 주장이 다양한 이유는 그들이 자신에게 맞는 독서법을 주장하기 때문이다. 따라서 방법이 다른 것이 많아도 당황해서는 안 된다. 당황하지 말고 따라해 보면 된다. 이 방법도 따라해 보고 저 방법도 따라해 보면서 자신에게 맞는 독서법을 찾으면 된다. 독서법이 아무리 많아도 결국 자신만의 방법을 찾아서 독서하면 된다.

사람들은 모두 다른 성향을 가지고 있다. 자라온 환경도 다르고 성격도 다르고 취향도 다르다. 모든 사람들이 다른 성향을 가지고 있기 때문에 어떤 한 방법으로 획일화하는 것은 좋지 않다. 사람들의 다양성도 인정하고 독서법의 다양성도 인정해야 한다. 그러면서 그 사람에게 맞는 방법이 최고의 방법임을 인정해야 한다. 그렇다고 다른 독서법을 무시하라는 것은 아니다. 자신의 생각과 다른 독서법도 인정하고 공부해야 한다. 그리고 다양한 방법을 실천해 보아야 한다. 그래야 자신만의 방법을 찾을 수 있다.

자신만의 독서 방법을 찾기 위해서는 다독이 필요하다. 자신의 시야를 넓혀야 모든 사람들과 잘 지낼 수 있다. 자신의 시야도 좁고 상대방의 시야도 좁기 때문에 관계가 나빠지는 것이다. 나의 시야가 넓어지면 상대방의 시야가 좁아도 문제가 되지 않는다. 내가 맞추면 되기 때문이다. 독서법도 마찬가지이다. 많은 독서법을 따라하다 보면 자신만의 방법을 찾을 수 있게 된다.

자신만의 독서법을 찾기 위해서도 자신의 시야를 넓혀야 한다. 시야가 좁다면 좁은 시야에 맞는 방법을 찾아야 한다. 시야가 좁으면 자신에게 맞는 독서법을 찾기가 쉽지 않다. 그러나 시야가 넓어지면 자신에게 맞는 독서법도 많아지게 된다. 그래서 자신만의 독서 방법을 찾기가 쉬워진다.

다독을 통해서 시야를 넓히면 자신만의 독서법을 찾을 수 있고 자신만의 독서법을 찾으면 독서 천재가 될 수 있다.

03
독서를 삶의 최우선 순위로

독서는 어렵다. 독서가 어려운 이유는 사람의 두뇌가 영상화되어 있기 때문이다. 사람의 두뇌는 근본적으로 독서를 싫어한다. 간혹 독서를 아주 좋아하는 사람이 있기는 하다. 그러나 그 사람들도 처음부터 독서를 좋아하지는 않았을 것이다. 생각해 보면 분명히 두뇌를 문자화시킨 계기가 있었을 것이다. 독서가 쉽지 않기 때문에 독서를 정복하기 위해서는 독서를 삶의 최우선 순위에 두어야 한다.

독서를 삶의 최우선 순위에 둔다는 것은 독서를 가장 중심에 둔다는 것이다. 하루 일과를 계획할 때 독서를 중심으로 일과를 세워야 한다. 독서할 수 있는 시간을 가장 먼저 확보하고 나서 다음 일정을 잡아야 한다. 독서를 최우선 순위에 두지 않으면 독서를 할 수 없게 된다. 독서는 쉽게 되는 것이 아니기 때문에 다른 것에 밀리면 절대로 할 수 없다.

사람은 누구나 바쁘다. 한가한 사람은 아무도 없다. 직장인은 직장생활 때문에 시간이 없다. 한가하게 놀면서 직장생활하는 사람은 없다. 과도한 업무로 하루 종일 죽어라 일해도 다 하기가 어렵다. 정규시간만 일하는 것이 아니다. 툭하면 밀린 일을 하기 위해서 야근을 밥 먹듯이 하기도 한다. 어쩌다 업무가 한가한 날이면 회식한다고 모이라고 한다. 이렇게 직장에 매여서 생활하다 보면 독서할 시간이 전혀 없게 된다.

가정주부들은 어떤가? 가정주부도 한가하지 않다. 아침에 일찍 일어나서 아침밥을 준비해야 하고 아침밥을 먹고 나면 남편 출근시키고 자녀들을 학교에 보내고 나서 청소하고 정리하고 나면 오전 시간이 다 지나간다. 점심을 먹고 나면 자녀들이 학교에서 돌아오는데 아이들 간식을 챙겨주면 오후가 다 지나간다. 그리고 저녁식사를 준비해야 한다. 저녁을 먹고 정리하고 나면 밤 아홉시나 열시가 된다. 드라마 한 편 보고 나면 몰려오는 잠을 이길 수가 없다. 이렇게 잠시도 쉴 틈이 없이 하루가 지나가기 때문에 잠깐의 시간도 내기가 어렵다.

학생들은 어떤가? 요즘 학생들은 어른들보다 더 바쁘다. 아침에 졸린 눈을 비비며 일어나서 하루를 시작한다. 아침밥을 먹고 학교로 향한다. 하루 종일 학교에서 생활하다가 집에 오면 책가방만 놔두고 다시 나가야 한다. 영어학원, 수학학원, 태권도, 피아노, 미술학원을 전전해야 한다. 학원을 마치고 집에 돌아오면 저녁 먹을 시간이 되고 저녁을 먹고 나서도 쉴 틈이 없다. 학교 숙제와 학원 숙제를 해야 하기 때문이다. 숙제를 마치면 녹초가 되어 잠에 취한다.

사람들은 모두 정말 바쁘다. 어떤 사람도 예외가 없다. 모든 사람이 바쁘게 살기 때문에 독서를 최우선 순위에 두어야 하는 것이다. 독서는 최우선 순위에 두지 않으면 절대로 할 수 없다. 독서가 쉽고 재미있는 것이라면 없는 시간을 쪼개서라도 독서하겠지만 독서는 쉽고 재미있는 것이 아니다. 그래서 독서에 성공하려면 독서를 최우선 순위에 두어야 한다. 독서의 중요성을 기억하고 계획을 세울 때 독서할 수 있는 시간을 확보하는 것이 중요하다.

나폴레옹은 "다른 사람들은 시간이 없어서 독서할 수 없다고 하는데 나는 독서를 해야 하기 때문에 다른 일을 할 시간이 없다"라고 하였다. 나폴레옹은 프랑스의 황제가 되어 유럽을 지배했었다. 나폴레옹이 한가한 사람이라서 이런 말을 한 것이 아니다. 나폴레옹은 황제로서 유럽을 지배했기 때문에 많은 일을 해야 했고 많은 사람을 만나야 했을 것이다. 아마도 상상을 초월할 정도로 바빴을 것이다. 그런데도 나폴레옹은 독서를 하였다. 나폴레옹이 독서할 수 있었던 것은 아무리 바빠도 독서를 최우선 순위에 두었기 때문이다.

시간이 많아서 독서하는 사람은 없을 것이다. 나도 독서에 모든 것을 걸어보기로 결심하고서 잠을 줄여가며 독서를 하였다. 독서에 입문했을 당시에는 아이들을 가르치고 있었다. 하루에 8시간씩 수업을 하였다. 하루에 8시간의 수업을 하고 나면 몸이 너덜너덜해지는 것 같은 때가 많았다. 그러나 나는 많은 피곤함을 느끼면서도 독서를 하였다. 잠을 줄여가면서, 쉬는 시간을 줄여가면서, 친구 만나는 것을 참아가면서 독서를 하였다. 독서를 위해서 모든 여가 시간을 포기하였다.

아무리 바빠도 방법을 찾으면 독서할 수 있다. '하려고 하는 사람은 방법을 찾고, 하려고 하지 않는 사람은 핑계를 찾는다'는 말이 있다. 어떤 식으로든지 방법을 찾으면 찾을 수 있다는 말이다. 독서도 하려고만 하면 얼마든지 시간을 만들 수 있다. 독서를 삶의 최우선 순위에 두면 독서에 성공할 수 있다.

독서는 삶을 혁신할 수 있는 가장 좋은 무기이다. 독서하면 누구나 최고의 삶을 살 수 있다. 독서를 삶의 최우선 순위에 두고 살았던 나폴레옹은 전쟁터에 갈 때도 책을 들고 갔다. 나폴레옹이 세계적인 인물로 살게 된 것은 독서의 힘이었다.

독서를 삶의 최우선 순위에 놓으라. 당신의 삶이 놀랍게 변할 것이다.

04

책으로 인테리어를 대신하라

공자孔子는 "사람의 본성은 대개 서로 비슷한 것이나 습관으로 차이가 생긴다"고 하였다. 사람은 다 비슷하게 태어나지만 습관의 힘에 의해서 차이가 나게 된다는 것이다. 습관을 어떻게 형성하느냐에 따라서 좋은 사람도 되고 나쁜 사람도 된다. 훌륭한 사람과 위대한 사람도 습관의 힘에 의해서 만들어진다. 사람의 능력은 비슷하지만 습관의 힘에 의해서 인생이 완전히 달라지는 것이다.

독서도 습관이 가장 중요하다. 독서하는 것을 많이 어려워하지만 습관만 잡히면 독서만큼 쉽고 재미있는 것도 없다. 나는 요즘 '책이 고프다'는 표현을 많이 쓴다. 집필도 해야 하고 강연도 다니게 되면서 집중적으로 독서할 시간을 만들 수가 없기 때문이다. 그래서 시간이 나면 책을 흡입한다고 표현할 만큼 책을 열심히 읽고 있다. 책이 고파서 흡입을 할 만큼 독서에 몰입할 수 있는 것은 독서 습관이 잡혀 있기 때문이다.

독서 습관은 최고의 습관이다. 빌 게이츠Bill Gates는 "오늘의 나를 만든 8

할은 우리 동네에 있던 작은 도서관이다. 하버드 졸업장보다 독서 습관이 더 중요하다"라고 말했다. 빌 게이츠는 세계적인 사람이다. 그가 세계적인 사람이 될 수 있었던 배경에는 독서의 힘이 가장 컸다. 그래서 독서 습관을 하버드 졸업장보다 더 중요하게 여기는 것이다. 빌 게이츠는 독서 습관이 잘 들어 있는 사람은 반드시 행복하고 성공적인 인생을 살게 될 것이라고 자신 있게 말하고 있다.

독서는 습관만 잘 들이면 그 어떤 것보다도 쉽고 재미있다. 사람은 성취감을 맛볼 때 삶의 희열을 느낀다. 그리고 삶의 열정도 성취감이 높을 때 나타나는 것이다. 독서를 꾸준히 하면 지적 능력이 높아진다. 지적 능력이 높아진다는 것은 지적 쾌감을 느끼는 경우가 많아진다는 것이다. 사람이 새로운 깨달음을 얻으면 무릎을 치면서 기뻐하는데 그럴 때 지적 쾌감이 최고조로 올라가는 것이다. 지적 쾌감이 최고조에 오를 때 맛보는 희열은 말로 표현할 수 없을 만큼 크다.

독서가 어려운 것은 습관이 잡히지 않아서이다. 그래서 독서에 성공하려면 독서 습관을 잡아가는 것이 중요하다. 독서 습관을 잡으려면 집안 분위기부터 바꾸어야 한다. 집안 분위기를 바꾸기 위해서는 텔레비전의 유혹을 이길 수 있어야 한다. 독서의 가장 큰 적은 텔레비전이다. 드라마나 쇼 프로는 중독성이 강하다. 그래서 한 번 보기 시작하면 빠져나올 수가 없다. 그리고 텔레비전을 보는 것은 두뇌의 영상화 때문에 전혀 힘 들이지 않고 즐길 수 있다.

독서 습관을 잡아가려면 텔레비전과의 싸움에서 반드시 이겨야 한다. 텔레비전과의 싸움에서 승리하지 못하면 절대로 독서 습관을 잡을 수가 없다. 독서 습관이 잡혀가는 사람도 집에서는 독서하기가 힘들다. 그 이유는 텔레비전의 유혹을 이기지 못하기 때문이다. 독서는 운명을 바꿀 수 있는 가장 좋은 무기이지만 텔레비전 앞에서는 아무 소용이 없다. 독서 습관을 잡으려면 텔레비전을 이길 수 있는 방법을 찾아야 한다.

가족 구성원 모두가 텔레비전의 유혹을 이길 수 없다면 텔레비전을 없애야 한다. 유혹을 이길 수 있다면 텔레비전이 있어도 괜찮지만 대신 텔레비전을 시청하는 규칙을 정해야 한다. 시청 규칙을 정하고 지켜 나가면 독서에 성공할 수 있게 된다. 처음에는 텔레비전의 유혹을 이기기가 쉽지 않겠지만 규칙을 정하면 얼마든지 이길 수 있다. 부모부터 규칙대로 모범을 보이면 자녀들은 자연스럽게 따라오기 때문이다.

우리 집에도 텔레비전은 있다. 그러나 가족 모두가 텔레비전의 유혹을 극복하였다. 우리 집의 텔레비전 시청 규칙은 평일에는 텔레비전을 전혀 시청하지 않고 주말에만 시청하는 것이다. 주말에도 온종일 텔레비전을 시청하는 것이 아니라 주말 쇼 프로 한 편과 주말 연속극 한 편만을 보고 있다. 우리 집은 일반 가정에 비하여 텔레비전을 시청하는 시간이 매우 적다. 그래서 온 가족의 독서 습관이 잘 잡혀 있는 것이다.

독서 습관을 잡기 위해서는 집안 분위기를 잘 잡아가야 한다. 집안 분위기를 독서하는 분위기로 만들기 위해서는 집에 책이 많이 있어야 한다. 책이 많은 가정과 책이 없는 가정의 독서 습관에는 많은 차이가 있다. 집에 책이 많으면 책에 쉽게 접근할 수 있다. 책에 쉽게 접근할 수 있는 것이 책과 친해지는 길이다. 책과 친해지면 그만큼 독서 습관을 잡아가기가 쉬워진다는 것이다. 가족의 독서 습관을 위해서 집안의 인테리어를 책으로 대신한다면 어떨까?

　이사할 때 인테리어를 새로 한다. 물론 인테리어 비용도 만만치 않다. 이왕 많은 돈을 들여서 인테리어를 하는데 책으로 인테리어를 대신하면 좋을 것 같다. 아예 인테리어를 안 하고 책장을 놓는 것으로 인테리어를 대신하는 것도 좋을 것 같다. 그리고 인테리어할 비용으로 책을 구매하는 것이다.

　우리 집에는 3천 권 정도의 책이 있다. 집의 구조상 안방에는 책장을 놓을 수가 없고 거실도 양면이 유리창으로 되어 있어서 책장을 놓을 수 없다. 그래서 거실에 작은 책장 두 개를 설치하였다. 거실의 작은 책장 하나는 식탁 옆에 있다. 식탁을 대부분 벽에 붙여서 놓는데 우리 집은 책장을 놓고 식탁을 약간 떨어지게 해서 설치해 놓았다. 책 옆에서 밥을 먹는 것이라서 밥을 먹으면서도 항상 책과 함께하는 효과가 있다.

　우리 집은 아파트가 복도식으로 되어 있어서 복도 쪽에 두 개의 책장을 놓았다. 현관문을 열고 들어오면 복도에 있는 책장이 가장 먼저 보인다. 집에 들어오자마자 책 향기를 맡으며 독서하는 분위기에 취하는 효과가 있다. 그리고 아들 방에 세 개와 딸 방에 네 개의 책장이 있다. 아이들은 항상 책과 함께 사는 것이다. 우리 아이들은 가끔 우리 집이 도서관 같다고 말한다. 집 안이 온통 책으로 덮여 있는 것 같기 때문이다.

　딸이 일곱 살 때 "심심한데 책이나 읽어야겠다"라고 말해서 많이 흐뭇했던 적이 있다. 집안 분위기가 도서관 같으니 책을 읽는 것이 일상이 된 것이다. 우리 집 아이들은 어려서부터 정말 많은 책을 읽었다. 하루에 의무적으로 세 권의 책을 읽는 것을 규칙으로 해왔기 때문이다. 세 권의 책을 먼저 읽고 나서 공부를 하거나 놀이를 하였다. 아들이 중학교에 진학하여 늦게 귀가하게 되면서 지금은 두 권의 책을 읽고 있다. 우리 아이들은 만 권 이상의 책을 읽었을 것 같다. 이렇게 많은 책을 읽은 아이들의 미래가 가끔 기대가 된다.

책으로 인테리어를 대신하면 집안의 기운도 좋아진다고 한다. 아파트가 원래 양의 기운이 강한 편이라서 음양의 조화를 이루기 위해 음의 기운이 강한 책을 많이 들여 놓으면 집안의 기운이 좋아진다고 한다. 인테리어 비용도 절약할 수 있고 집안의 기운도 좋아지고 가족의 독서 습관도 잡아갈 수 있어서 일석삼조의 효과를 누릴 수 있을 것이다.

05

쉬운 책과 끌리는 책부터 읽으라

책은 어떤 책부터 읽어야 할까? 책은 쉬운 책부터 읽어야 한다. 처음에 독서에 입문해서 어려운 책부터 읽어서는 안 된다. 독서가 너무 어렵게 느껴지면 중간에 포기하게 되기 때문이다. 중간에 포기하는 것도 문제지만 포기하고 나서 독서를 생각하면 어렵게만 느껴져 다시 도전하기도 어려워진다. 그래서 독서는 쉬운 책부터 읽어야 한다. 독서는 어렵게 접근하면 안 되고 쉽고 재미있게 접근해야 하기 때문이다.

처음에 독서에 입문하면 어떤 책부터 읽어야 할지 망설이게 된다. 좋은 책을 읽어서 많은 변화와 성장을 이루게 되기를 바라기 때문이다. 책은 다 좋은 것이다. 세상에 존재하는 모든 책은 다 가치가 있고 의미가 있다. 책은 다 좋은 것이지만 어렵게 접근하기 때문에 독서에 성공하지 못하는 것이다. 기대만큼 효과를 거두기 위해서는 쉽고 재미있는 방법으로 접근하여 독서 습관을 잡아가야 한다.

독서는 쉬운 책과 끌리는 책부터 읽어야 한다. 쉬운 책은 자신의 수준보다 낮은 책을 말한다. 처음부터 자신의 수준보다 높은 책을 택하지 말고 자신의 수준에 맞거나 조금 낮은 책을 택해 독서를 하면 보다 쉽게 독서 습관을 잡아갈 수 있다. 다른 사람의 시선을 의식할 필요는 없다. 독서는 나를 위해서 하는 것이기 때문이다. 독서는 나의 수준에 맞춰서 쉽고 재미있게 접근해야 한다.

끌리는 책은 내가 읽고 싶어지는 책이다. 내가 읽고 싶어지는 것은 나에게 꼭·필요한 것이기 때문이다. 음식도 마찬가지다. 갑자기 먹고 싶은 음식이 있을 때가 있다. 그럴 때는 그 음식을 먹어 주어야 한다. 몸에 영양소가 부족하면 특정 음식이 먹고 싶어지기 때문이다. 영양결핍은 잘 먹는다고 해서 해결되는 것이 아니다. 만약 몸에 좋다고 고기만 먹으면 심각한 영양부족에 시달리게 된다. 마찬가지로 독서도 나에게 필요한 독서가 있는 것이다. 읽고 싶은 책이 생기면 부담 갖지 말고 읽으면 된다.

내가 읽고 싶은 책을 읽으면 되지만 너무 어려운 책은 피하는 것이 좋다. 어려운 책을 읽다가 포기하는 경우가 많기 때문이다. 읽고 싶은 책이 어려운 책일 경우 편하게 조금 읽어보다가 힘들면 읽지 않아도 된다. 독서 습관이 잡히고 지적 능력이 쌓이면 어려운 책도 술술 읽히는 때가 온다. 그때 읽으면 되기 때문에 독서 습관이 잡힐 때까지는 쉽고 재미있는 독서를 하는 것이 좋다. 독서력이 생기면 누구나 독서에 성공할 수 있기 때문이다.

민들레영토의 지승룡 대표는 도서관에 처음 갔을 때 책이 눈에 들어오지 않아 신문을 읽었다고 한다. 신문 전체를 전부 읽어 나갔다고 한다.

처음에는 신문 읽는 것도 시간이 많이 걸렸는데 계속 읽다 보니 신문 읽는 시간이 점차 빨라졌다고 한다. 처음에 독서가 어려우면 신문을 먼저 읽어 보는 것도 괜찮다. 신문에는 세상을 살아가는 모든 이야기들이 들어 있어서 세상을 보는 시야를 넓혀준다. 그리고 신문은 누구나 이해할 수 있는 가장 쉬운 글로 기록되어 있기 때문에 독서력이 없어도 쉽게 접근할 수 있다.

지승룡 대표는 신문을 잘 읽게 된 후에는 여성잡지를 읽었다고 한다. 잡지에는 흥미진진한 이야기들이 많이 기록되어 있어서 쉽게 흥미를 느낄 수 있었다고 한다. 신문과 잡지를 읽으면서 독서 습관을 잡을 수 있었고, 이후로 3년 동안 2,000권의 책을 읽고 민들레영토를 훌륭하게 성장시켰다. 지승룡 대표가 처음에 독서 습관을 잡기 위해서 무리하지 않고 신문과 잡지를 읽은 것은 주목할 만하다.

우리는 다른 사람의 시선을 의식하면서 살아갈 때가 많다. 그래서 독서도 어렵고 수준 있는 것만 읽으려고 한다. 그러나 다른 사람의 시선은 절대로 의식할 필요가 없다. 독서를 하는 목적은 독립적 주체로 당당하게 살아가기 위한 것이다. 독서에 입문해서도 독립적 주체로 독서하는 것이 좋다. 다른 사람의 시선을 의식하지 말고 자신의 수준을 고려해서 독서하는 것이 가장 이상적이다.

독서는 쉽고 끌리는 책부터 읽는 것이 좋다. 그러나 성공자 독서와 인문학 독서를 먼저 하는 것을 추천한다. 성공자 독서는 위인전과 자서전, 전기와 평전을 중심으로 해서 동서양 CEO에 대한 책과 자기계발서를 읽는 것이다. 독서에 입문하여 가장 먼저 읽어야 하는 책은 성공자 독서이다. 성공자 독서를 통해서 성공자의 마인드를 얻게 되면 독서가 아무리 어려워도 성공적으로 독서를 할 수 있기 때문이다.

성공자 독서는 어떤 상황과 환경에서도 성공할 수밖에 없는 생각과 행동을 하는 것이다. 한마디로 성공자 독서는 마음이 강해지는 독서이다. 절대 포기하지 않는 근성을 기르는 독서이다. 성공자 독서로 마음이 강해진 다음에는 아무리 어려운 일도 다 이겨낼 수 있다. 독서가 아무리 어려워도 마음이 강해진 사람에게는 수월한 것이 된다. 성공자 독서로 마음이 강해지고 독서 습관이 잡히면 인문학도 수월하게 읽어낼 수 있다.

처음부터 인문학 독서와 전공독서 같은 책을 읽지 말고 성공자 독서를 먼저 하기를 추천한다. 인문학 독서와 전공독서는 대부분 어렵게 느껴지고 재미없는 경우가 많다. 그래서 성공자 독서로 독서 습관을 잡은 다음 인문학 독서와 전공독서를 하는 것이 좋다. 성공자 독서는 인물들의 이야기가 많기 때문에 지루하지 않고 쉽고 재미있게 읽을 수 있다.

성공자 독서로 독서 습관을 잡아가면서 인문학 독서를 병행하면 된다. 처음에 성공자 독서는 한 권씩 읽어나가면 되지만 인문학 독서는 조금씩 읽어도 괜찮다. 처음에는 누구든지 인문학 독서가 매우 어렵게 느껴질 것이다. 그래서 인문학 독서는 처음부터 많이 읽으려고 해서는 안 된다. 처음에는 한 장씩 읽어도 되고 시간을 정해놓고 읽으면 된다. 시간을 정할 때는 부담이 가지 않는 선에서 정하고 읽으면 된다. 10분 정도의 시간을 정해 두고서 읽어도 괜찮다. 하루에 10분씩 읽더라도 꾸준히 읽으면 두뇌 패턴을 인문학으로 바꾸어 갈 수 있다.

성공자 독서와 인문학 독서도 처음에는 쉽고 재미있는 책부터 읽어도 된다. 초등학생이 읽는 책부터 읽어도 된다. 다른 사람을 의식하지 말고 당당하게 읽으면 된다. 쉽고 재미있는 책과 끌리는 책부터 읽어서 독서 습관을 잡은 다음 독서의 방향을 넓고 깊게 잡아 나가면 된다.

06

책 속에서 또 다른 책을 만나라

독서 모임을 진행하거나 강연을 하게 되면 책을 추천해 달라는 요청을 많이 받는다. 그런 요청을 받을 때마다 항상 부담을 느낀다. 책은 다 좋지만 읽는 사람의 성향에 따라서 느끼는 바가 다를 수 있기 때문이다. 아무리 좋은 책이라고 해도 어떤 사람에게는 별로인 것 같은 책이 있기 때문이다. 읽는 사람이 어떻게 받아들이느냐에 따라서 그 책의 평가가 완전히 다를 수 있다. 그래서 책을 추천할 때는 항상 조심하는 편이다.

나에게 맞는 책은 어떻게 선정하는 것이 좋을까? 독서에 처음에 입문해서는 도움을 받는 것이 좋다. 처음에는 독서에 접근하는 방법을 모르기 때문이다. 그래서 처음에는 독서 고수들에게 독서의 방향을 제시받아 독서에 접근하면 된다. 독서 고수들의 도움을 받으면 비용과 시간도 절약할 수 있고 많은 시행착오도 줄일 수 있다. 독서 초보라면 무조건 도움을 받는 것이 좋다.

독서를 꾸준히 하다 보면 독서력이 쌓이게 된다. 독서력이 쌓이면 지적 능력이 향상되는 것을 느낄 수 있다. 지적 능력이 향상되는 것은 어떤 사람이든지 포기하지 않고 꾸준히 독서하면 가능해진다. 독서력을 쌓아가는 것이 쉽지는 않지만 꾸준히 독서하면서 맛보는 성취감도 정말 크다.

독서 습관이 잡히면 홀로서기를 해야 한다. 다른 사람의 도움을 받지 말고 스스로 책을 선정해야 한다. 독서의 목적은 '독립적 주체'로 살아가기 위한 것이다. '독립적 주체'는 다른 사람을 의지하지 않고 스스로의 힘으로 살아가는 것이다. 독서도 자신의 힘으로 할 수 있어야 한다.

처음에 독서 고수들에게 방향을 제시받아서 독서를 시작했다면 독서 습관이 형성된 후에는 자신의 힘으로 독서할 수 있는 힘을 길러야 한다. 독서 고수들과 교류하지 말라는 것이 아니라 독서 고수들과도 계속 교류하면서 스스로 독서할 수 있는 힘을 길러가라는 것이다. 스스로 독서할 수 있는 힘을 '독서자립심'이라고 표현하면 좋을 것 같다. '독서자립심'은 다른 사람을 의지해서는 절대로 만들어지지 않으며 홀로서기를 할 때 만들어진다.

'독서자립심'을 기르기 위해서는 책을 스스로 선정할 수 있어야 한다. 스스로 책을 선정하고 읽을 수 있는 것이 가장 중요한 능력이기도 하다. 스스로 책을 선정하기 위해서는 도서관이나 서점에 가서 책을 골라야 한다. 처음에 스스로 책을 고르려고 하면 많은 부담이 있을 수도 있다. 그러나 얼마든지 할 수 있다. 책을 고를 때는 '쉽고 재미있는 책과 끌리는 책부터 읽는다'는 원칙에 입각하여 책을 고르면 된다. 쉽고 재미있는 책을 읽으면 흥미를 잃지 않고, 끌리는 책을 읽으면 나에게 꼭 필요한 책이기 때문에 어려움 없이 읽을 수 있다.

도서관이나 서점에 가기 전에는 무슨 책을 읽어야 할지 막연할 때도 있지만 막상 책을 살펴보면 읽고 싶은 책을 만나게 된다. 읽고 싶은 책을 사러 서점에 갔다가 다른 책을 사게 되는 경우도 있다. 끌리는 책을 만났기 때문이다. 도서관이나 서점에 가서 끌리는 책이 있으면 과감하게 투자를 하면 된다. 그 책이 자신에게 꼭 필요한 책이기에 읽어 보면 정말 많은 것을 얻을 수 있기 때문이다.

독서 모임에서 다른 참여자의 발표를 듣고 책을 선정하는 것도 좋은 방법이다. 독서 모임에서는 많은 사람들이 다양한 책을 읽고 와서 책을 소개하기 때문에 독서 모임에서 책을 선정하는 것도 좋은 방법이다. 독서 모임에서 자유 독서는 각자 읽고 싶은 책을 읽고 와서 발표하는 것이기 때문에 좋은 책을 소개받을 때가 많다.

독서 모임에서 소감을 발표할 때는 발표자가 읽고서 많은 감동을 받은 책을 소개하기 때문에 이보다 더 좋은 책 소개는 없다. 독서 모임에서 소개되는 책을 읽어 보고 싶은 마음이 들 때가 있다. 그런 책은 거의 틀림없이 나에게 좋은 영향을 끼친다. 발표자의 감동적인 책 소개를 통해서 얻은 정보이기 때문에 많은 기대감을 갖게 되는데 많은 기대감은 좋은 영향력으로 나타날 것이다.

책 속에서 책 선정을 하는 것도 좋은 방법이다. 책을 읽다 보면 저자들이 책을 소개하는 경우가 많다. 책은 100% 창작할 수는 없다. 저자들은 많은 책을 읽고 영감을 받아서 책을 쓰는 경우가 대부분이다. 책을 읽지도 않고 책을 쓴다는 것은 불가능한 일이기 때문이다. 그래서 좋은 저자는 좋은 독자 중에서 나오는 것이다. 이문열 작가는 "천 권의 책을 읽으면 베스트셀러를 쓸 수 있는 필력이 생긴다"고 주장했다. 천 권의 책을 읽으면 지적 능력이 향상되고 필력도 생기게 된다. 많은 책을 읽고 형성된 필력은 많은 사람들에게 좋은 영향력을 끼칠 수 있다.

저자가 인용한 책은 저자가 책을 읽다가 많은 감동을 받은 것을 기록해 놓은 것이다. 따라서 저자가 인용한 책은 대부분 명저일 가능성이 높다. 책을 읽으면서 저자가 소개한 책 중 읽고 싶은 책이 있으면 따로 기록해 놓았다가 읽으면 된다. 저자가 책을 인용하는 것은 자신의 책을 빛나게 하기 위하여 많이 고민하고 결정하는 것이다. 그래서 책 속에서 책을 선정하게 되면 많은 감동을 받게 될 것이다.

'독서자립심'을 길러야 독서 고수가 될 수 있다. 스스로 책을 선정하고 독서하는 것이 처음에는 막연하고 막막할 수도 있겠지만 도전해 보면 해볼 만한 것이라고 생각하게 될 것이다. 자신의 성장을 위해 다른 사람에게 의존하는 것을 줄여가는 것은 필수요소이다. 스스로 책을 선정하고 독서력을 쌓아가다 보면 독립적 주체로 우뚝 서게 될 것이다.

반복보다 위대한 것은 없다

독서의 중요성에 대해서 모르는 사람은 거의 없다. 그러나 독서를 정복하는 사람은 많지 않다. 특히 인문학 독서에 성공하는 사람은 많지 않다. '독서는 개인과 가정과 기업과 국가의 운명을 바꿀 수 있다'는 말처럼 독서하는 개인과 공동체는 희망이 있다. 독서가 삶의 혁신을 이끌기 때문이다. 독서를 정복하기는 어렵지만 독서를 정복하는 소수의 사람은 혁신을 이끄는 삶을 살았다. 독서를 정복하는 사람이 소수인 이유는 무엇일까? 독서의 중요성에 비해서 독서에 성공하는 사람이 적은 이유는 무엇일까?

"천재는 노력하는 사람을 이길 수 없고, 노력하는 사람은 즐기는 사람을 이길 수 없다"라는 말이 있다. 천재적인 사람도 노력하지 않으면 그 천재성이 묻히고 아무리 열심히 노력하더라도 즐겁게 하지 않으면 효율이 떨어진다는 말이다. 독서를 정복하기가 어려운 이유는 즐겁게 하기가 어렵기 때문이다. 독서에 입문하고 독서에서 즐거움을 찾기까지는 많은 시간이 소요된다. 그 과정을 이겨내는 소수의 사람만이 독서에 성공하는 것이다.

어떻게 하면 독서를 즐길 수 있을까? 어떻게 하면 독서에 흥미를 느끼고 많은 책을 읽을 수 있을까? 독서에서 즐거움을 찾기가 쉽지 않지만 소수의 사람들은 독서에 성공하고 혁신을 이끄는 삶을 살고 있다. 비록 소수의 사람이지만 독서에 성공하는 사람이 있기 때문에 전혀 불가능한 일은 아니다. 방향만 잘 잡으면 누구든지 독서에 성공할 수 있다.

독서에 성공하기 위해서는 두뇌를 바꾸는 훈련을 해야 한다. 두뇌가 독서를 아주 좋은 것으로 받아들이는 상상훈련을 해야 한다. 두뇌가 독서를 생각할 때마다 가슴 뛰는 활력을 제공해 주고 즐거워지게 될 때까지 상상훈련을 해야 한다. 사람이 변하기 위해서는 생각의 변화가 일어나야 한다. 부정적인 생각을 긍정적인 생각으로 바꾸면 변할 수 있다. 독서에 대한 부정적인 생각을 긍정적인 생각으로 바꾸면 독서에 성공할 수 있다.

성공적인 인생을 산 사람들을 연구해 보면 대부분 긍정적인 생각으로 가득한 사람들이다. 긍정적인 생각으로 반드시 할 수 있다고 생각하는 사람들이다. 긍정적인 생각을 가진 사람들은 아무리 힘들고 어려운 상황이라도 성공할 수 있는 방법을 찾아서 실천한다. 그래서 긍정적인 생각으로 가득한 사람은 무엇이든지 할 수 있는 것이다. 반면에 부정적인 생각이 가득한 사람은 아무리 뛰어난 재능을 가지고 있어도 실패자의 삶을 살아가게 된다.

독서도 마찬가지다. 독서에 성공하려면 독서에 대한 부정적인 생각을 긍정적인 생각으로 바꾸어야 한다. 독서에 대한 부정적인 생각을 긍정적으로 바꾸려면 독서에 대한 좋은 점들을 상상해야 한다. 독서를 하고 삶의 혁신을 이끌어 미래에 자신이 행복하고 성공적인 인생을 살고 있는 모습을 상상하는 것이다. 반대로 독서하지 않으면 미래에 불행하고 실패하는 인생을 살고 있는 모습을 상상한다. 그러면 두뇌가 독서의 부정적인 생각을 버리고 긍정적인 생각만 하게 된다. 독서를 반드시 해야 하는 것으로 받아들여 독서에 성공하게 되는 것이다.

'반복보다 위대한 것은 없다'는 말이 있다. 모든 위대한 업적과 성취는 반복의 결과물이다. 독서에 성공하려면 '반복 독서'를 하면 된다. 그러나 인간의 두뇌는 기본적으로 반복하는 것을 싫어한다. 매일매일 반복해서 독서하는 것은 매우 힘들고 어렵기 때문이다. 그래서 '반복 독서'에 성공하려면 독서에 대한 긍정적인 생각을 얻고 독서를 즐길 수 있도록 상상훈련을 해야 한다. 결국 독서에 성공하는 사람은 독서를 즐기는 사람이고 '반복 독서'에 성공할 수 있는 사람이다.

독서를 정복하기 위해서는 책을 사랑해야 된다. 책을 대할 때 사랑하는 사람을 만나고 있다는 마음을 가질 필요가 있다. 사랑하는 연인과 함께 있다고 생각한다면 독서가 얼마나 좋아지겠는가? 그래서 책을 사랑하는 연인으로 생각하는 훈련을 해야 한다. 사랑하는 연인과 함께 있다는 마음으로 책을 대하면 '반복 독서'가 가능해진다. 책이 사랑하는 연인처럼 느껴지는데 어떻게 '반복 독서'를 할 수 없겠는가? 책이 사랑하는 연인으로 느껴질 수 있도록 상상훈련을 하면 반드시 '반복 독서'에 성공할 수 있게 된다.

책을 황금이라고 상상훈련하는 것도 괜찮다. 황금을 캐는 사람이 되어 금광에서 황금을 찾는 마음으로 독서를 하는 것이다. 책을 금광이라고 생각하고 책 속에서 황금을 찾는다는 심정으로 독서에 집중하면 많은 효과가 있을 것이다. 책 속에 황금이 들어 있다는 상상을 하면 독서하지 않고는 못 견딜 만큼 독서에 큰 애착을 갖게 될 것이다. 금광에서 많은 황금을 채굴해서 얻을 수 있는 유익을 생각하면서 책 속에서 황금을 찾으면 얻을 수 있는 많은 유익들을 상상하면 '반복 독서'에 성공할 수 있다.

독서에 대한 긍정적인 생각을 갖기 위해서 독서하면 천재적인 사람이 될 수 있다는 상상훈련을 하는 것도 괜찮다. 천재적인 사람들도 처음에는 독서를 어려워했다고 한다. 그러나 그들에게는 독서를 하면 천재적인 사상을 얻을 수 있다는 확신이 있었다. 그래서 '독서하다가 죽겠다'는 각오로 책을 읽었다. 그런 정신으로 책을 반복해서 읽고 또 읽었다. 천재들도 '반복 독서'로 천재적인 사상을 가진 사람으로 변한 것이다. 독서를 하면 천재가 될 수 있다는 긍정적인 생각이 독서의 성공을 이끌어 줄 것이다.

필사하면 영혼에 새겨진다

독서를 많이 했는데도 변하지 않는다고 말하는 사람도 있다. 독서를 많이 했는데도 변하지 않는 것은 독서의 임계점을 한 번도 경험하지 못했기 때문일 가능성이 높다. 독서량이 임계점에 이를 때까지 쌓여야 하는데 중간에 포기하거나 멈추기 때문이다. 물은 100℃가 되어야 끓는다. 98℃나 99℃에서는 절대로 끓지 않는다. 독서의 임계점에 이르기 전에 멈추는 것은 물이 끓기도 전에 불을 끄는 것과 같다.

독서에 실패하는 또 다른 이유는 독서만 하기 때문이다. 독서는 책을 읽는 것으로 끝내서는 안 된다. 독서 이후의 활동을 반드시 해야 독서에 성공할 수 있다. 독서 이후의 활동은 대표적으로 필사와 사색이 있다. 필사는 베껴 쓰기를 하는 것이고 사색은 생각을 하는 것이다. 독서한 후에 반드시 필사와 사색이 병행되어야 성장독서를 할 수 있는 것이다. 지금까지 독서에 실패했었다면 자신의 독서 방법을 살펴보아야 한다.

독서에 성공하기 위해서는 반드시 '필사'를 해야 한다. '필사'는 말 그대로 베껴 쓰기를 하는 것이다. 필사는 전체 필사와 부분 필사 두 가지 방법이 있다. 전체 필사는 책을 처음부터 끝까지 필사하는 방법이고, 부분 필사는 자신이 읽은 책에서 중요하다고 생각하는 부분만 필사하는 방법이다. 천재들은 책을 정말 사랑했기 때문에 전체 필사를 선호했다. 책을 처음부터 끝까지 쓰기 위해서는 많은 시간과 노력을 해야 한다. 천재들은 독서를 하면 천재적인 사상을 갖게 된다고 확신했기 때문에 많은 시간과 노력을 들이면서도 전체 필사를 했던 것이다.

부분 필사는 책을 읽으면서 중요하다고 생각하는 부분만을 골라서 베껴 쓰기를 하는 것이다. 전체 필사에 비해서 시간과 노력을 절약할 수 있는 필사 방법이다. 우리 선조 중에서 다산 정약용 선생은 부분 필사를 선호했다. 부분 필사를 초서(抄書라고도 하는데 부분 필사한 것을 모아서 책으로 만들기도 했다. 많은 책에서 중요한 부분만 골라서 한 권으로 엮었기 때문에 한 권의 책으로 많은 책을 읽는 효과를 볼 수 있었다.

'필사'에는 전체 필사와 부분 필사의 두 가지 방법이 있다고 말했다. 책을 읽는 것도 쉽지 않지만 '필사'를 하는 것도 만만치 않다. 시간과 노력이 많이 필요하다는 단점이 있기 때문이다. 그렇지만 필사의 장점도 많다. 필사를 하면 어떤 장점이 있을까? '필사하면 영혼에 새겨진다'는 말이 있다. 필사하면 영혼에 새겨질 만큼 머리에 오래 기억된다는 말이다. 독서 후 활동으로 필사를 반드시 해야 하는 이유는 두뇌에 각인시키기 위해서이다.

나도 처음에 독서할 때는 책에 밑줄을 칠 줄도 모르고 필사할 줄도 몰랐다. 처음에는 그냥 책을 읽기만 했는데, 다독을 통해서 어느 정도 지적 능력이 생기기 시작하자 감동이 되는 부분이 생기기 시작했다. 그래서 어느 날부터 밑줄을 치기 시작했다. 독서량이 더 늘면서 감동이 되는 부분이 더 많이 생기고 밑줄만으로는 만족할 수 없어서 필사를 하게 되었다.

처음에는 밑줄 치는 부분이 조금이라서 필사하는 양도 적었지만 점진적으로 밑줄 치는 양이 많아지면서 필사하는 양도 늘어나게 되었다. 나중에는 독서하는 시간보다 필사하는 시간이 더 오래 걸리기도 하였다. 필사를 너무 많이 하게 되면서 독서의 슬럼프를 겪기도 했다. 그래서 밑줄 친 것을 다 필사하지 않고 밑줄 친 것 중에서 선별하여 필사하기도 하였다.

나는 책에 밑줄을 치면서 나의 두뇌에 밑줄이 쳐지는 느낌을 받았고 필사를 하면서는 조각칼 같은 것으로 나의 두뇌에 새기는 듯한 느낌을 받았다. 밑줄을 치면서 두뇌에 밑줄이 쳐지고 필사를 하면서 두뇌에 새겨지는 것 같은 느낌을 받으면서 '필사하면 영혼에 새겨진다'는 말을 실감하기도 하였다. 책에 밑줄을 치고 필사하는 것은 책이 내 몸의 일부가 되게 하는 것이다. 독서 후 활동으로 밑줄을 치고 필사하는 것은 성장독서를 하기 위한 필수과정인 것이다.

필사를 하면 독서가 독서로 끝나는 것이 아니라 책이 내 몸의 일부가 된다. 독서를 하고도 변하지 않는다고 생각하는 사람들에게 필사를 추천한다. 독서를 독서로 끝내지 않고 필사를 병행하면 반드시 변화와 성장을 경험하게 될 것이다. 필사는 책이 영혼에 새겨지게 하는 것이다. 필사하라! 당신의 두뇌에 책이 들어갈 것이다. 필사하라! 당신의 두뇌가 열리게 될 것이다.

09
독서하고 사색하고 실천하라

독서의 종류는 취미독서와 지식독서, 그리고 성장독서가 있다고 하였다. 진정한 독서는 사람의 변화와 성장을 이끄는 성장독서라고 말했다. 많은 사람들이 독서해도 변하지 않는다고 하면서 독서의 무용론을 주장하기도 한다. 그런 사람들은 "사람들이 책을 읽지만 책 읽은 사람답게 살지 않는다"고 말한다. 나도 책 읽은 사람답게 살지 않는 사람들을 보면 안타깝고 가슴이 아프다. 책이 정말 좋은 것인데도 그런 사람들 때문에 독서에 대한 인식이 나빠지기 때문이다.

성장독서가 이루어지면 책 읽은 사람답게 살아가게 된다. 그래서 성장독서를 반드시 해야 하지만 성장독서가 되지 못하는 이유는 독서의 임계점을 맞지 못했거나 독서 후 활동이 부족해서이다. 독서 후 활동은 필사와 사색이다. 필사는 '필사하면 영혼에 새겨진다'는 말처럼 반드시 필요한 것이다. 사색도 마찬가지다. 사색도 성장독서를 경험하기 위해서는 반드시 실천해야 하는 것이다. 그동안 많은 독서를 했지만 변하지 않았다면 사색을 시작해야 한다.

'사색'은 말 그대로 생각하는 것이다. 책을 읽는 궁극적 목표는 깨달음을 얻고 실천하기 위함이다. 그러나 독서가 독서로 끝나면 깨달음을 얻기가 힘들다. 그래서 '사색'이 필요한 것이다. 논어에 "배우기만 하고 생각하지 않으면 얻는 것이 없고, 생각만 하고 배우지 않으면 위태로워진다"는 말이 있다. 생각의 중요성을 강조한 말로 배움과 생각을 함께 해야한다는 말이다. 배웠으면 생각을 통해서 깨달음을 얻어야 하고 배우지 않고 생각만 하면 헛된 망상에 빠져 위험하게 될 수 있다는 것이다. 그래서 배움과 사색이 동시에 이루어져야 한다는 것이다.

독서와 사색도 함께 해야 된다. 책을 읽어 새롭게 알게 된 것과 감동이되는 것을 사색을 통해서 자기 것으로 만들어야 한다. 자기 것으로 만든다는 것은 깨달음을 얻는 것이다. 독서를 하고 사색을 하다 보면 무릎을 칠 정도로 큰 깨달음을 얻게 되기도 한다. 깨달은 것들을 실천하면 큰 변화와 성장을 경험할 수 있다. 처음에는 작은 변화와 성장을 경험하겠지만 깨달음이 깊어질수록 더 많은 변화와 성장을 경험하게 된다.

철학을 한다는 것은 독서와 사색을 통해서 깨달음을 얻어가는 것이다. 처음에는 작은 깨달음들을 얻겠지만 독서와 사색이 깊어질수록 깨달음도 점점 더 깊어질 것이다. 깨달음이 깊어지면 위대한 깨달음을 얻게 될 것이다. 위대한 철학자들이 따로 있는 것이 아니다. 위대한 철학자들은 깨달음이 아주 깊은 곳까지 이른 사람들일 뿐이다.

'사색'을 통해서 깨달음을 얻으면 큰 변화와 성장을 경험할 수 있다. 그렇다면 '사색'은 어떻게 해야 하는 것일까? '사색'도 결코 쉽지는 않다. 쉽지 않은 '사색'을 어떻게 하면 될까? 파스칼Pascal은 "인간은 생각하는 갈대이다"라고 말했다. 인간은 생각하는 존재라는 말이다. 인간이 생각하는 존재라는 것은 인간이 가장 인간다울 때가 생각할 때이기 때문이다. 생각하지 않는 사람은 인간답지 못한 사람이라는 것이다.

사람과 짐승의 차이는 생각의 차이다. 사람은 생각을 하기 때문에 짐승과 다른 삶을 사는 것이다. 사람에게 생각하는 힘이 없다면 짐승에게 지배를 받게 될 수밖에 없다. 사람은 힘으로는 사자나 호랑이를 이길 수 없다. 소나 곰도 이길 수 없다. 사람이 힘으로 어떻게 코끼리를 이길 수 있겠는가? 그러나 사람이 짐승보다 힘은 부족하지만 생각하는 힘이 있기 때문에 짐승을 지배하면서 살 수 있는 것이다.

사람에게 생각하는 힘이 없다면 짐승처럼 욕구를 따라 살게 된다. 만약에 사람이 욕망이 이끄는 대로 산다면 어떻게 되겠는가? 세상은 무법천지가 될 것이다. 힘이 센 사람이 마음대로 하는 세상이 될 것이다. 짐승들은 생각하는 힘이 없기 때문에 욕망이 이끄는 대로 살아가는 것이다. 사람이 생각을 하지 않는다면 짐승과 다를 바가 하나도 없다. 그래서 생각이 없는 사람은 짐승과 다를 바가 없는 사람인 것이다.

책을 읽는 이유는 사람다운 사람이 되기 위해서이다. 책을 읽고 짐승처럼 욕망을 따라서 사는 길을 버리고 사람다운 사람의 길을 따라서 살려고 하는 것이다. 사람다운 사람의 길을 따라서 살기 위해서는 '사색'을 해야 한다. '사색'을 통해서 사람다운 사람이 되는 것이다. 그러나 '사색'은 쉽지 않다. 쉽지는 않지만 반드시 해야 하는 것이다. '사색'의 힘으로 사람다운 사람이 될 수 있기 때문이다.

'사색'을 한다는 것은 쉽지 않다. '사색'을 한다고 해서 그냥 되는 것이 아니기 때문이다. '사색'하는 훈련이 되어 있지 않은 사람이 '사색'을 하는 것은 처음에는 정말 낯설고 어렵지만, 계속해 보면 익숙해진다. '사색'을 반복적으로 실천하면 익숙해진다. 처음에는 머리가 아프고 복잡해질 수도 있지만 차츰 익숙해지게 되어 있다. '사색'만 하면 어렵지만 독서를 통해서 '사색'을 하기 때문에 얼마든지 할 수 있다.

독서를 하지 않으면 자신의 생각 안에서 '사색'을 하게 되어서 발전할 수가 없다. 그러나 독서를 통해서 새로운 사상들을 받아들이면 내 생각의 한계를 벗어나서 사색할 수 있다. 내 생각의 한계가 아니라 새로운 사상을 '사색'하는 것이라서 할 수 있게 되는 것이다. 이런 과정이 처음에는 쉽지 않겠지만, 꾸준히 노력하면 할 수 있게 된다. '사색'도 꾸준히 노력하면 하게 된다. 그렇지만 꾸준히 노력하기가 쉽지 않다. 구체적인 방법으로 '사색'에 도전하면 가능하게 된다. 내가 사색하는 방법은 책을 읽고 그 뜻을 계속 생각해 보는 것이다. 이것은 '사색'을 가장 잘할 수 있는 최고의 방법이다. 책을 읽고 '이것은 무슨 뜻일까?' '저자는 왜 이런 말을 했을까?' '저자가 이런 말을 했는데, 나는 어떻게 살아야 할까?' 하는 생각들을 계속하는 것이다.

책을 읽고 계속 이런 생각을 하다 보면 어느 순간 '황홀한 기쁨'을 맛볼 수 있다. '황홀한 기쁨'과 함께 '깨달음'의 순간이 오기 때문이다. 그래서 천재적인 사람들도 이런 '황홀한 기쁨'과 '깨달음'을 얻기 위해서 목숨을 걸고 사색을 했던 것이다. 독서하면서 지적인 황홀감을 느끼려면 반드시 사색이 동반되어야 한다. 독서하고 깨달음을 얻었다면 실천해야 한다. 실천하지 않는 지식은 사람을 교만하게 하기 때문이다. 독서를 해서 깨달음을 얻었다면 겸손하게 실천해야 한다.

10
겸손하게 독서하라

21세기는 평생학습의 시대이다. 유년시절부터 황혼에 이르기까지 평생 동안 배워야 하는 시대를 살고 있다. 행복하고 성공적인 인생을 살기 위해서 평생 배우면서 살아야 하는 시대가 된 것이다. 논어에 "배우고 때때로 익히면 또한 기쁘지 아니한가"라는 말이 있다. 평생학습 시대를 살고 있는 우리에게 정말 반갑고 힘이 되는 말이다. 배우고 익힌다는 말은 배운 것을 연습해야 한다는 말이다. 배우고 연습해서 탁월하게 수행할 수 있게 되면 삶에 많은 유익과 기쁨이 온다는 것이다.

배우고 익히는 것은 '어떻게 살아야 하는가?'와 밀접한 연관이 있다. 사람은 배우고 익히면서 살아야 한다. 배우고 익히면서 살아가는 것이 답이기 때문이다. 그렇다면 어떻게 배우고 익혀야 할까? 문제해결 능력이 생길 때까지 배우고 익혀야 한다. 문제해결 능력은 창의성과 관련이 있다. 창의성은 문제해결 능력이다.

살다 보면 인생의 많은 문제와 직면하게 된다. 사람의 일생에는 부부 문제, 자녀 문제, 직장 문제, 경제 문제, 인간관계 문제와 같은 정말 많은 문제들이 있다. 많은 문제들을 피할 수는 없고 해결해 가면서 살아야 한다. 어떻게 해결해야 할까? 문제들을 피하지 말고 정면으로 돌파해 나가야 한다. 그러나 무조건 돌파하려고 해서는 안 된다. 문제해결 능력을 가지고 돌파해 나가야 한다. 배우고 익히는 것은 문제해결 능력이 생길 때까지 해야 하는 것이다.

문제해결 능력이 생길 때까지 배우고 익히면 지혜롭게 살아갈 수 있다. 지혜롭게 살기 위해서 어떻게 배워야 할까? 사람과 책을 통해서 배워야 한다. 사람에게는 지혜를 배우고, 책을 통해서는 지식을 배워야 한다. 물론 사람에게 지식도 배우고 책을 통해서 지혜를 배울 수도 있다.

논어에 '삼인행이면 필유아사三人行必有我師'라는 말이 있다. 세 명이 함께 길을 가면 그중에 필히 스승이 있다는 말이다. 어떤 사람과 함께하든 그 사람에게서 배울 점이 있다는 말이다. 어떤 사람에게든지 항상 배우려는 자세를 가져야 한다는 것이다. 사람은 누구나 한 가지 이상의 장점을 가지고 있다. 그리고 살면서 경험한 삶의 지혜들이 있다. 이런 지혜들은 산 경험이 될 수 있는 것이다.

사람에게서 지혜를 배운다면 책을 통해서는 지식을 배워야 한다. 사람이 책을 통해서 배워야 하는 이유는, 사람의 삶이 유한하기 때문이다. 사람이 배우는 방법 중에서 가장 좋은 방법은 경험을 통해서 배우는 것이다. 그러나 사람의 삶이 유한하기 때문에 모든 것을 경험하여 배울 수는 없다. 사람의 생애가 짧기 때문에 모든 것을 경험으로 배울 수 없다는 것이다. 그래서 다른 사람의 경험이 기록된 책을 통해서 배워가야 하는 것이다.

책과 사람을 통해서 배운 것을 익혀가야 한다. 그렇다면 배운 것을 어떻게 익혀야 할까? 배운 것이 편안하게 느껴질 때까지 익혀야 한다. 문제해결 능력이 편안하게 느껴질 때까지 익혀야 한다는 것이다. 사람이 안다는 것에 대해서 새롭게 정리를 해야 할 필요가 있다. 우리가 어떤 것을 안다고 할 때, 지식적으로 안다고 해서 그것이 진짜로 아는 것은 아니다. 배웠다고 해서 다 아는 것이 아니라는 말이다.

예를 들어, 우리가 자동차 운전법을 책을 통해서 배웠다고 해서 자동차 운전법을 다 안다고 할 수는 없다. 그리고 학원에 가서 자동차 운전법을 배웠다고 해서 다 안다고 할 수도 없다. 자동차 운전법을 다 안다고 할 수 있을 때는, 배우고 익혀서 편안하게 느껴질 때이다. 편안하게 느껴져야 비로소 자동차 운전법을 안다고 할 수 있는 것이다. 모든 문제에 직면했을 때, 그 문제를 해결할 수 있는 능력이 편안하게 느껴질 때까지 우리는 배우고 익혀야 한다.

독서는 어떻게 살 것인가와 밀접한 관련이 있다. 사람은 살아가면서 많은 문제들과 직면하게 된다. 많은 문제 앞에서 우리에게 필요한 것은 문제해결 능력이다. 문제해결 능력을 얻기 위해서는 알아야 하고, 알기 위해서는 독서를 해야 하고, 독서를 통해서 배운 것을 편안하게 느끼게 될 때까지 익혀가야 한다.

사람과 책을 통해서 배우면서 살아간다면 최고의 삶을 살 수 있다. 이때 가장 중요한 것은 '겸손'이다. 내가 겸손하지 못하면 아무것도 배울 수 없기 때문이다. 논어에 "배우려고 하지 않는 사람을 가르치지 말라"라는 말이 있다. 배우려고 하지 않는 사람은 교만한 사람이다. 교만한 사람은 가르칠 수가 없다. 교만한 사람은 자신이 모든 것을 다 알고 있다고 생각하기 때문이다. 사람이 배우기 위해서는 무조건 '겸손'해야 한다. 겸손하게 나를 낮추고 배워야겠다는 마음 자세가 필요한 것이다. 그러면 많은 것을 배울 수 있다.

책을 대할 때도 마찬가지다. 책 앞에서 겸손해야 한다. 사람은 자신이 아는 지식이 전부이기 때문에 자신을 가장 똑똑하다고 생각한다. 그러나 아는 것이 그것 밖에 없는 것일 뿐이다. 나도 독서를 통해서 고정관념이 깨지기 전까지는 그렇게 생각하기도 했었다. 그래서 많은 남편들이 아내에게 "나 만큼만 하라고 해! 나 같은 남편이 어디 또 있나 한 번 나와 보라고 해!"라고 말한다. 자신이 최고라고 착각하기 때문이다.

책을 읽을 때는 무조건 겸손해야 한다. 저자는 대부분 나보다 지적인 우위를 갖고 있는 사람이기 때문이다. 책은 읽는 것도 어렵지만 쓰는 것은 더 어렵다. 저자는 읽는 것도 어려운 책을 쓴 사람이다. 저자가 책을 썼다는 것은 그만큼의 지적 능력을 갖춘 사람이 책을 쓰는 수고와 헌신을 했다는 뜻이다. 따라서 겸손하게 책을 대해야 한다. 책을 읽을 때 겸손한 마음으로 읽어야 한다. 겸손하게 배우겠다는 마음으로 독서에 임할 때 많은 것을 얻을 수 있기 때문이다.

겸손해야 한다. '벼는 익을수록 고개를 숙인다'는 말이 있다. 자신이 아직 겸손하지 못하다면 많이 부족하다는 것을 인정해야 한다. 독서는 삶의 혁신을 이끄는 가장 좋은 것이지만 겸손하지 않으면 아무것도 얼을 수가 없다. 겸손하라! 많이 배울 수 있을 것이다. 겸손하라! 당신의 삶이 혁명적으로 바뀔 것이다. 겸손하라! 당신이 세상을 이끌게 될 것이다.

독서 토론으로

독서를

완성하라

POWER OF READING

01
독서 토론에 대하여

세상에서 가장 무서운 사람은 책을 한 권만 읽은 사람이라고 한다. 책을 한 권만 읽은 사람은 아는 것이 책 한 권이 전부이기 때문이다. 책을 한 권만 읽은 사람도 무섭지만 한 분야의 책만 읽은 사람도 무섭기는 마찬가지다. 한 분야의 책만 읽은 사람은 자신의 분야만을 알고 있는 사람이다. 이런 사람들 중에는 자기 세계에 갇혀서 살아가는 사람이 많이 있다.

한 분야의 책만 읽은 사람은 책을 한 권만 읽은 사람과 크게 다를 바가 없다. 아는 것이 한 분야에 한정되어 있기 때문이다. 어쩌면 한 분야의 책만 읽은 사람이 책을 한 권만 읽은 사람보다 더 무서울 수도 있다. 지식은 사람을 교만하게 하기 때문이다. 자기 세계에 갇혀 살면서 교만하기까지 한 사람은 답이 없다. 자신을 최고라고 여기면서 다른 사람을 무시하기 때문이다.

책을 한 권 읽은 사람도 무섭고 한 분야의 책만을 읽은 사람도 무섭지만 혼자서 독서한 사람도 무서운 사람이다. 독서하는 이유는 자신의 생각의 한계를 깨기 위한 것이다. 자신의 생각의 한계를 깬다는 것은 자신의 아집과 고집을 포함한 고정관념을 깨는 것이다. 혼자서 독서하는 사람은 자기 생각을 더 강하게 만들 수 있다. 독서하면서 자기를 돌아보고 성찰해야 하지만 홀로 독서하는 사람은 그렇게 하기가 어렵다.

독서 토론이 필요한 이유는 나를 돌아보고 성찰하는 것을 보다 더 쉽게 하기 위해서이다. 독서 토론에서 한 가지 주제를 가지고 토론하다 보면 나의 주장과 다른 사람의 주장이 다르게 된다. 독서 모임에 참가하는 구성원들은 서로 살아온 환경과 상황이 다르기 때문에 다른 주장을 하는 것이다. 나와 다른 주장을 하는 것을 들으면서 나의 주장과 비교하게 되고 그러면서 나의 좁고 편협한 생각을 깰 수 있게 되는 것이다.

이것이 내가 독서 토론을 반드시 해야 한다고 주장하는 이유이다. 일주일에 두 시간의 토론을 하면 누구나 자신의 생각의 한계를 깰 수 있게 된다. 일주일 동안 책을 읽어서 지식을 습득하고 두 시간 동안 토론하면서 책에서 얻은 지식을 체득하는 시간을 갖게 되기 때문이다. 혼자서 독서하면 지식이 지식으로 끝날 수도 있지만 독서 토론을 하면 살아 있는 지식으로 바뀌기 때문이다.

독서는 혼자서 하면 안 된다. 물론 독서는 혼자서 하는 것이다. 이 말은 독서 토론을 해야 한다는 것이다. 독서 토론을 하지 않는 독서는 죽은 독서가 될 수 있다. 독서 토론을 하면 지식이 공유되고 분해되고 융합되는 과정을 거치게 된다. 나의 지식과 다른 사람들의 지식이 융합되면 살아 있는 지식이 되는 것이다. 독서가 독서로 끝나지 않게 하기 위해서는 반드시 독서 토론을 해야 한다.

독서는 정말 좋은 것이다. 그러나 독서가 독이 되는 경우도 있다. 독서는 나를 더 넓은 세계로 이끌어 주는 것이지만 혼자서 하게 되면 나의 좁고 편협한 세계에 더 갇히게 될 수 있기 때문이다. 독서 토론은 책에서 얻은 지식을 살아 있는 지식으로 변화시켜 주고 행복하고 성공적인 인생을 살도록 이끌어주는 것이다. 따라서 독서 토론은 독서의 완성이다.

독서가 독서로 끝나지 않고 지식이 지식으로 끝나지 않게 해야 한다. 많은 시간과 노력을 들여서 독서했는데 그 성과가 없으면 안 된다. 투자한 시간과 노력이 아까워서라도 독서가 독서로 끝나고 지식이 지식으로 끝나게 해서는 안 된다. 독서 토론은 지식의 공유와 융합을 이끌 수 있기 때문에 독서를 완성할 수 있는 가장 좋은 방법이다. 그래서 독서 토론으로 독서를 완성해 가야 하는 것이다.

혼자서 독서를 하면 독서가 불완전하다. 혼자서 하는 독서는 불완전하기 때문에 반드시 독서 토론으로 독서를 완성해가야 한다. 그래서 선조들도 독서 토론을 즐겼던 것이다. 선조들은 독서 토론이라는 말을 사용하지는 않았지만 함께 모여서 풍유를 노래하고 학문적 사상을 교류하였다. 선조들도 독서는 혼자서 했지만 학문을 교류하면서 지식의 공유와 융합의 과정을 거쳤다.

선조들 중에서 독서 토론을 한 사람으로 이황과 이이가 대표적이다. 이이는 이황의 명성을 듣고 안동에 있는 도산서원에 찾아가 가르침을 받게 되었다. 제자로서 가르침을 받은 것이 아니라 학문을 논하는 것으로 가르침을 받았다. 멀리 떨어져 있어서 만날 수 없을 때에는 편지로 교류하였다. 이황은 이이의 학문을 높이 사 그를 제자로 생각하지 않고 벗으로 여기며 학문적 교류를 하였다. 두 사람은 나이와 사상을 뛰어 넘어 평생 좋은 벗으로 지냈다.

박지원을 중심으로 하는 북학파도 마찬가지였다. 북학파는 실학사상을 연구하는 학파로 청나라의 발달된 문물을 받아들여 농업과 상공업을 발달시키고 민생 안정과 부국강병을 이루어야 한다고 주장하는 학파였다. 박지원을 중심으로 홍대용과 유득공, 이덕무 같은 사람들이 모여서 학문을 논하고 풍유를 즐기면서 북학파의 실학사상을 발전시켜 나갔다. 북학파들이 쌓은 학문적 업적은 정조의 개혁정치에 많은 기여를 하였다.

조선 시대의 왕들은 학자들과 함께 경연을 열어서 학문을 논하기도 하였다. 세종대왕은 즉위하고 20년 동안이나 매일 경연을 열고 적극적으로 참가하였다. 집현전을 정비하여 경연관을 강화하고 최고의 경연을 하는 곳으로 만들어 나갔다. 성종은 재위하는 25년 동안 매일 세 번씩 경연에 참가하였다. 경연에서 여러 가지 정치 문제들을 토론하고 협의해 가면서 경연이 정치의 중심이 되도록 하였다.

독서 토론은 독서의 완성을 위해서 반드시 필요한 것이다. 독서를 하다 보면 자기 수준만큼만 이해하고 받아들이게 된다. 그러나 독서 토론을 통해서 각자 느낀 점에 대해 발표하는 것을 들으면서 독서가 명확해지는 것이다. 다른 참가자들의 발표 내용을 들으면서 자신의 생각과 많은 차이점을 느끼게 된다. 처음에는 차이가 느껴져서 당황스럽기도 하지만 토론을 자주 할수록 그 차이가 자신의 시야를 넓혀주는 기폭제가 된다. 독서의 목적은 자신의 시야를 폭넓게 하는 것이다. 그래서 독서 토론으로 독서를 완성해 가야 하는 것이다.

02
책은 지식을, 사람은 지혜를

21세기는 평생교육 시대이다. 모든 사람은 평생 동안 배우면서 살아야 한다. 배움은 두 가지를 통해서 가장 많은 것을 배울 수 있는데 책을 통해서는 지식을 배울 수 있고 사람에게는 지혜를 배울 수 있다. 책을 통해서 지식을 얻을 수 있는 것은 책이 지식의 보고寶庫이기 때문이다. 책에는 지구상에 존재하는 수많은 지식들이 들어 있다. 세상이 만들어지면서 생겨난 모든 지식이 책에 들어 있다. 그래서 책이 지식의 보물 창고인 것이다.

책은 마음의 양식이다. 책에는 마음을 강하게 해 주는 지식이 가득 들어 있기 때문이다. 안중근 의사는 "하루라도 책을 읽지 않으면 입안에 가시가 돋는다"고 하였다. 책을 읽지 않는다고 해서 입안에 가시가 돋지는 않는다. 그러나 마음의 양식인 책을 읽지 않으면 입이 거칠어지는 것이다. 좋은 책들로 마음을 가득 채우면 입도 부드러워진다. 그래서 안중근 의사는 책을 읽지 않으면 입안에 가시가 돋는다고 표현한 것이다. 착한 사람의 눈에는 착한 것만 보이고 나쁜 사람의 눈에는 나쁜 것만 보인다는 말이 있다. 착한 사람과 나쁜 사람의 기준은 마음에 있다. 사람을 판단하는 기준은 행위로 판단하기도 하지만 근본적인 마음으로 판단하는 것이 좋다. 마음에 좋은 것들이 가득 들어 있는 사람은 착한 사람이 되고 마음에 나쁜 것이 가득 들어 있는 사람은 나쁜 사람이 되는 것이다.

사람의 마음에는 본래 아무것도 들어 있지 않다. 살면서 마음에 선을 쌓는 사람이 있고 악을 쌓는 사람이 있을 뿐이다. 마음에 있는 악은 노력하지 않아도 저절로 커진다. 맹자가 주장한 바와 같이 사람은 본래 선하게 태어나지만 살면서 악에 노출되어 악해지기 때문이다. 그러나 마음에 선을 쌓으려면 많은 수고와 노력이 필요하다. 사람의 본성이 선한 것보다는 악한 것을 쉽게 받아들이기 때문이다.

사람의 마음에 선한 것을 쌓는 것으로 독서만큼 좋은 것은 없다. 독서는 지식의 보물 창고이기 때문이다. 책은 선하고 좋은 것들로 가득하다. 따라서 독서를 하면 자연스럽게 선을 쌓아가게 되는 것이다. 안중근 의사는 이것을 알고 있었기 때문에 독서를 하지 않으면 입안에 가시가 돋는다고 한 것이다. 실제로 안중근 의사는 형장의 이슬로 사라지기 전까지 독서를 하였다. 세상을 떠나는 날까지 마음에 선한 것을 쌓으려고 노력한 것이다.

사람에게는 지혜를 배울 수 있다. 세상의 모든 사람들에게는 다 배울 점이 있다. 배울 점이 없는 사람은 아무도 없다. 사람들의 말과 행동을 통해서 좋은 점은 자기 것으로 만들고 나쁜 점은 돌아보아 멀리하면 되기 때문이다. 나는 새로운 사람을 만나면 많은 질문을 한다. 그 사람에게서 많은 것을 배울 수 있기 때문이다. 상대방이 많이 배운 사람이든 아니든 상관없다. 상대방이 나이가 많든 적든 상관없다. 상대방이 지혜가 많든 적든 상관없다. 어떤 사람이든지 삶의 지혜를 갖고 있기 때문이다.

특히 나는 택시를 타면 기사에게 많은 질문을 한다. 택시 기사들은 하루에도 수없이 많은 사람들을 만난다. 그들에게는 많은 사람들과 만나면서 깨달은 지혜들이 있다. 그 지혜를 배우기 위해서 많은 질문을 하는 것이다. 택시 기사들은 최고의 지혜를 가진 사람들이다. 둘러보면 최고의 지혜를 가진 사람들이 가까이에 많이 있다.

택시 기사 뿐만 아니라 많은 사람들에게 질문을 할 필요가 있다. 인생은 배우면서 살아가야 하기 때문이다. 그리고 배우려는 자세로 살아가면 많은 것을 배울 수도 있지만 인간관계도 좋아지게 되어 있다. 배우려는 사람을 싫어하는 사람은 없기 때문이다. 배우는 자세로 살아갈 때 중요한 것은 겸손이다. 사람이 겸손하지 않으면 아무것도 배울 수 없기 때문이다. 자신의 생각과 다른 주장을 하더라도 겸손하게 배우려고 해야 많은 것을 배울 수 있다.

사람들에게 질문해 보면 말이 술술 나온다. 많은 말을 해 주고서도 헤어질 때는 오히려 고맙다는 말을 한다. 자신의 얘기를 들어주는 사람이 없기 때문이다. 사람들은 대부분 말하는 것은 좋아하지만 듣는 것은 싫어한다. 그래서 질문을 하고 집중해서 들어주면 고마워하는 것이다. 인생을 지혜롭게 살아가려면 7할은 듣고 3할만 말해야 한다. 내가 말하는 사이에 상대방의 지혜를 배울 수 있는 기회를 놓칠 수 있기 때문이다.

독서 토론에 참여하는 것은 책과 사람에게 배울 수 있는 최고의 방법이다. 독서 토론에 참여하려면 책을 읽어야 한다. 토론에 참여해서 발표를 해야 하는 의무감 때문에 독서를 해야 한다. 의무감 때문에 독서를 하지만 독서로 많은 지식을 얻을 수 있다. 처음에는 의무감으로 시작하지만 점진적으로 독서 습관이 잡히면서 독서와 사랑에 빠지게 된다. 책과 사랑에 빠지는 것은 하늘의 축복이다. 책과 사랑에 빠지는 것은 위대한 사람의 길로 들어서는 것이기 때문이다.

독서 토론에 참여하는 것은 사람에게 지혜를 배울 수 있는 최고의 방법이다. 토론에 참여하여 자연스럽게 다른 사람들의 삶의 지혜를 배울 수 있기 때문이다. 독서 토론을 하면 책의 내용만 발표하는 것이 아니라 책의 내용을 삶에 적용해서 실천한 것들을 발표한다. 삶에 적용한 것에는 많은 삶의 지혜들이 들어 있다. 한 사람의 삶의 지혜에는 한 사람의 인생이 들어 있기 때문이다.

정현종 시인은 '방문객'이라는 시에서 '사람이 온다는 것은 실로 어마어마한 일이다. 그는 그의 과거와 현재와 그리고 그의 미래와 함께 오기 때문이다. 한 사람의 일생이 오기 때문이다.'라고 썼다. 독서 토론에 함께 하는 사람들의 발표는 작은 지혜가 아니다. 그 사람의 일생의 지혜가 들어 있는 것이다. 발표자가 책의 내용을 삶에 적용한 것은 자신의 일생의 지혜를 나누어 주는 것이다.

03

독서 토론 모임을 시작하라

독서 토론은 책과 사람에게서 지식과 지혜를 배울 수 있는 최고의 방법이다. 책과 사람에게서 지식과 지혜를 배우기 위해서는 반드시 독서 모임에 참여해야 한다. 가까운 곳에 독서 모임이 있다면 참석하면 된다. 처음에는 낯설고 어려운 자리가 될 수도 있겠지만 염려하지 말고 참석해 보라. 책 읽는 사람들은 대부분 좋은 사람들이다. 그리고 대부분의 사람들은 감성이 풍부하고 친절하다. 그래서 독서 모임에 참석하면 얼마 안 가서 쉽게 친해지게 될 것이다.

가까운 독서 모임에 참여할 수 없으면 직접 만들면 된다. 독서 모임을 만드는 것을 어렵게 생각해서는 안 된다. 우선 마음에 맞는 주변 사람들과 시작하면 된다. 많게는 7~8명으로 하고 적게는 3~4명이면 충분하다. 주변 사람들과 적당한 곳에서 만나서 독서 모임을 시작하면 된다. 가장 좋은 장소는 분위기 좋은 카페를 추천한다. 비용이 조금 들겠지만 새롭게 독서 모임을 시작하는 것이니 분위기를 바꿔 보는 것도 괜찮은 방법이다.

독서 모임을 할 수 있는 적당한 장소에서 일주일에 한 번만 모이면 된다. 일주일에 한 번 모여서 2시간 이상 토론을 하면 많은 변화와 성장을 경험하게 될 것이다. 독서 모임은 일주일에 한 번만 해도 충분하다. 자주 만나면 오히려 독서하는 것을 방해하기 때문이다. 독서 모임은 일주일 동안 읽은 책의 내용을 가지고 토론하는 것이기 때문에 책 읽을 시간이 필요하다. 그래서 일주일에 한 번만 만나도 된다. 일주일 동안 열심히 책을 읽고 나누는 것이다.

주변 사람들을 만나서 대화하는 경우가 많은데 그들과의 대화 내용을 잘 생각해 보라. 어제 한 얘기를 오늘 또 하고 오늘 한 얘기를 내일 또 하는 경우가 많았을 것이다. 독서하지 않고 모이면 대화의 내용이 항상 똑같을 수밖에 없다. 그러나 책을 읽고서 독서 모임을 하기 때문에 대화의 주제가 많이 변하게 될 것이다. 정말 깜짝 놀랄만한 대화들이 오가게 될 것이다.

지금까지 참여했던 모임들 중에서 독서 모임으로 전환할 수 있는 모임을 생각해 보라. 독서 모임으로 전환하고 책을 가지고 만나서 책의 내용을 가지고 모임을 진행해 보라. 3개월만 진행해 보면 엄청난 변화와 성장을 경험하게 될 것이다. 어제와 똑같은 오늘의 대화와 오늘과 똑같은 내일의 대화에 대한 걱정을 전혀 할 필요가 없어진다. 책에서 가져온 많은 대화의 주제들이 있기 때문에 걱정할 필요가 전혀 없는 것이다.

사람이 변하고 성장하기 위해서는 일주일에 적어도 두 권의 책을 읽어야 한다. 사람은 쉽게 변하지 않는다. 논어에 "나이 40세가 되어서도 다른 사람들에게 욕을 먹는다면 그 사람은 끝난 것이다"라는 말이 있다. 40세 이전에는 변하는 것이 가능하지만 40세 이후에는 변하기가 매우 어렵다는 것을 뜻하는 말이다. 사람은 정말 변하지 않는다. 그래서 일주일에 두 권 정도는 읽어야 조금씩 변하게 된다.

사람이 변하지 않는 이유는 두뇌가 사막화되어 있기 때문이다. 사막에 물을 붓는다고 생각해 보라. 물을 조금씩 부으면 사막이 젖을까? 전혀 젖지 않을 것이다. 물을 붓는 즉시 증발해 버리기 때문이다. 그러나 한 번에 많은 양의 물을 부으면 달라진다. 큰 물통에 들어 있는 물을 전부 부으면 사막이 아무리 말라 있더라도 젖게 되어 있다.

일주일에 두 권의 책을 읽어야 사막화된 두뇌가 조금씩 변할 수 있다. 그보다 적은 양의 책을 읽으면 다 날아가 버린다. 물론 처음부터 일주일에 책을 두 권씩 읽기란 쉽지 않다. 처음에는 일주일에 한 권씩 읽으면 된다. 일주일에 책을 한 권 읽겠다는 목표를 세워 놓고 읽으면 가능하다. 한 권을 읽는 것이 익숙해지면 조금씩 양을 늘려 가면 된다.

독서 모임을 하다 보면 책을 전혀 못 읽던 사람들도 참여하게 된다. 처음에는 책을 한 권 읽는 데도 많은 시간이 걸린다. 책을 한 권 읽는 데 3~4주가 걸리는 사람도 있었다. 그러나 꾸준히 독서 모임에 참여하면 동기를 계속해서 부여받게 된다. 그래서 독서에 계속 도전하게 되고 결국 일주일에 3~4권을 읽게 된 사람도 있다.

현재 책을 전혀 읽을 수 없는 상황이라도 괜찮다. 독서 습관이 잡히지 않은 사람이 책 읽는 것을 힘들어하는 것은 당연하다. 독서 습관이 잡혀 있지 않아도 절대로 부끄럽게 생각할 필요 없다. 사람들은 자신이 부족한 것이 있으면 많이 부끄러워한다. 그래서 도전하지 못하고 항상 똑같은 삶을 살아간다. 자신이 독서를 잘 못해도 절대 부끄러워할 필요가 없다. 처음부터 독서를 잘하는 사람은 아무도 없다. 독서 고수들도 처음에는 다 힘들고 어렵게 시작했기 때문이다.

아무런 부담 갖지 말고 독서 모임에 도전해 보라. 3개월만 꾸준히 독서하면 독서 습관이 잡히게 되어 있다. 처음 3개월 동안은 많이 힘들고 어렵겠지만 꾸준히 참석하면 누구나 할 수 있게 된다. 처음에는 찻집에 가서 좋은 시간을 보낸다고 생각하면 된다. 편한 친구들을 만나러 간다고 생각하고 독서 모임에 참석해도 된다. 차츰 익숙해지면 정말로 편한 친구들이 될 것이다.

04
변화와 성장을 이끄는 3요소 :
입력, 생각, 표현

사람은 변하지 않는다. 정말 변하지 않는다. 지구에 중력이 있어서 모든 것을 끌어당기듯이 사람도 변하지 못하게 하는 중력이 있어서 끌어당기기 때문이다. 사람은 잘 변하지 않지만 변하는 방법을 찾아야 한다. 변하는 방법을 찾아서 시도해야 한다. 사람이 변하지 않으면 죽은 사람이나 마찬가지이기 때문이다. 어제와 똑같은 오늘을 살고 오늘과 똑같은 내일을 살아가는 사람은 죽은 사람과 똑같은 삶을 살아가는 사람이다.

어제와 똑같은 오늘을 살고 오늘과 똑같은 내일을 사는 사람에게 삶은 어떤 의미일까? 내가 여기서 말하는 것은 직업을 바꾸라는 것이 아니라 내면의 성장에 대해서 말하는 것이다. 삶의 태도의 변화에 대해서 말하는 것이다. 소크라테스는 "반성하지 않는 삶은 살 가치가 없다"고 말했다. 반성을 한다는 것을 변화를 추구하는 것이다. 변화하지 않는 삶은 가치가 없다는 것이다.

어제의 잘못과 허물들을 오늘 또 반복하면서 변화를 추구하지 않는 것은 문제가 있는 것이다. 사람이 늙는 것은 나이가 들어서가 아니라 변화를 멈추기 때문이라는 말과 같이 사람은 변화를 멈추는 순간부터 늙는다. 나이가 많아서 늙는 것이 아니라 마음이 늙는다는 것이다. 마음으로 변화를 거부하는 순간부터 늙기 시작한다는 것이다.

사람은 어떻게 해야 변할까? 사람의 변화를 이끄는 가장 중요한 요소는 무엇일까? 사람의 변화와 성장을 이끄는 3요소는 입력, 생각, 표현이다. 사람이 변하려면 먼저 좋은 정보들이 두뇌에 입력되어야 한다. 자신의 생각의 한계 안에서는 절대로 변할 수 없기 때문이다. 사람의 변화를 위해서는 두뇌에 좋은 정보들이 입력되어야 한다.

나의 두뇌에 좋은 정보들이 입력되게 하기 위해서는 독서를 하는 것이 가장 좋다. 변화와 성장을 위한 독서는 성공자 독서와 인문학 독서가 가장 좋은 정보들을 입력되게 한다. 좋은 정보가 두뇌에 입력되었다고 해서 사람이 변하는 것은 아니다. 독서로 좋은 정보들이 입력되었으면 생각하고 정리하는 시간을 가져야 한다.

독서를 통해서 좋은 정보들이 입력되었으면 생각을 통해서 정리하는 시간을 가져야 한다. 정보들을 분석하고 융합하여 자신에게 필요한 것은 받아들이고 필요 없는 것은 버리는 과정을 거쳐야 한다. 정보를 다각도로 분석해 보고 그 정보가 나에게 어떤 의미가 있는가를 판단해서 내재화하는 시간을 가져야 한다. 정보의 체득화를 거쳐야 한다는 것이다. 정보를 자기 몸의 일부가 되게 하는 것이다.

정보를 분석하고 정리하는 시간을 통해 내재화시켰다면 표현을 해야 한다. 입력된 정보를 분석하고 정리하는 시간을 가졌다면 표현을 해야 한다. 표현은 말과 글로 할 수 있다. 독서와 사색을 통해서 내재화된 지식을 말과 글로 표현하는 것이다. 표현을 통해서 정보가 완전히 정리 되고 완전히 자기 것이 된다. 표현을 통해서 미처 깨닫지 못했던 것들을 깨닫게 된다.

글로 표현하는 방법으로 독서기록장을 써보는 것이 좋다. 책을 읽고서 분석하고 정리한 것을 기록으로 남기는 것이다. 글을 쓴다는 것은 말을 하는 것보다 더 어렵다. 그러나 글이나 말이나 똑같다. 처음에 발표할 때는 조리 있게 말하는 것이 어렵지만 자주 발표해 보면 어느 순간 조리 있게 발표하는 자신의 모습을 발견하게 된다.

글도 마찬가지다. 처음에 글로 쓰는 것은 책을 읽는 것보다 더 어렵고 힘든 과정을 거치게 될 수도 있다. 그러나 글을 많이 써보는 것만큼 좋은 것은 없다. 다작을 해 보면 글쓰는 법도 점점 발전하게 된다. 모든 사람들은 천재성을 가지고 있지만 중간에 포기하기 때문에 천재성을 잃게 되는 것이다. 글을 쓰는 것도 중간에 포기하지 않고 계속 하게 되면 완숙한 글솜씨를 자랑하게 될 것이다.

말로 표현하는 것은 독서 모임을 통해서 하면 된다. 독서 모임에 참여해 자신의 생각을 발표하면 처음에는 아무 생각이 들지 않을 만큼 어렵기도 하다. 그러나 처음에만 어렵다는 생각이 들고 차츰 좋아지게 되어 있다. 독서 모임에서 자주 발표하면 두뇌가 반응을 하게 된다. 입력과 생각과 표현의 과정을 충실히 하게 된다는 것이다. 독서와 사색을 통해서 정리를 하게 된다는 것이다. 두뇌가 이런 과정을 자주 거치게 되면 발표하는 것에 전혀 부담을 갖지 않게 된다.

독서 모임에 처음 참석하는 사람은 누구나 어려움을 겪는다. 그러나 3개월 정도가 지나면 정말 능숙하게 발표하게 된다. 사람이 말을 조리 있게 하는 것은 많은 유익을 가져온다. 사람들을 이끄는 힘은 말의 힘에서 나온다. 그래서 리더가 대부분 말을 잘하는 것이다. 말로 사람을 이끌기 때문이다. 발표력이 좋아지면 삶의 태도나 질에도 많은 차이가 나타나게 된다.

내가 참여하는 독서 모임 멤버 중에서 서울시 교육청에 근무하는 회원이 있다. 이 회원은 많은 사람들 앞에서 한 번도 발표를 해 본 적이 없었는데 교육청에서 수백 명이 모이는 큰 행사의 사회를 맡게 되었다고 한다. 많은 사람들 앞에서 발표해 본 적이 없었기 때문에 걱정을 많이 했다고 한다. 그러나 우려와는 달리 아주 매끄럽게 진행해서 직장 상사들에게 많은 칭찬과 신임을 받았다고 한다.

나중에 생각해보니 독서 모임에서 발표를 해왔던 것이 행사 사회를 보는 데 많은 도움이 된 것 같다고 했다. 독서 모임에서 자주 발표하다 보니 두뇌가 자연스럽게 입력과 생각과 표현하는 두뇌로 바뀐 것이다. 독서 모임은 사람의 변화와 성장을 이끄는 3요소인 입력과 생각과 표현을 자연스럽게 실행하는 두뇌로 변화시켜 주는 가장 좋은 방법이다. 사람은 정말 변하지 않지만 독서 모임에 오면 반드시 변화와 성장을 경험하게 될 것이다.

독서 토론은 변화와 성장을 이끄는 힘

독서 토론은 변화와 성장을 이끄는 가장 좋은 방법이다. 독서 토론은 독서의 완성이기 때문이다. 독서 토론으로 독서를 마무리해야 한다. 독서의 마무리가 잘 되지 않으면 독서가 독서로 끝나고 지식이 지식으로 끝나기 때문이다. 사람은 잘 변화되지 않지만 독서와 독서 토론을 한다면 누구나 변할 수 있다.

독서 토론이 사람의 변화와 성장을 이끄는 가장 좋은 방법인 것은 두뇌를 확장시켜 주기 때문이다. 독서 토론을 통해서 두뇌가 확장되면 변화와 성장을 하게 된다. 사람의 변화는 생각의 변화에서 시작되기 때문이다. 독서 토론으로 변화와 성장을 한다는 것은 창조적인 인재가 되는 것이다. 창조적인 인재가 되어 혁신을 이끌 수 있을 때 독서 토론이 가장 매력적으로 다가올 것이다.

발표력과 표현력의 확장으로

독서 토론에 참여해서 다른 사람들과 의견을 나눌 때 가장 먼저 표현력이 향상된다. 독서 토론에 참여한 사람은 누구나 자신의 생각을 발표해야 하는데 자신의 생각을 자주 발표하면 표현력이 자연스럽게 향상되게 된다. 처음에 독서 토론에 참석하면 어떤 말을 해야 할지 몰라서 두서없이 발표하게 된다. 그러나 독서 토론에 자주 참석하면 두뇌가 자연스럽게 발표를 잘할 수 있는 구조로 변화하게 된다. 두뇌 구조가 변하면 표현력이 놀랍게 발전하게 된다.

사람은 누구나 자신의 생각을 말이나 글로 표현할 수 있다. 아무리 좋은 생각을 가지고 있어도 그것을 말이나 글로 표현하지 못한다면 그 생각은 죽은 생각이다. 자신의 생각을 살아 있는 생각으로 만들려면 좋은 말과 좋은 글로 표현할 수 있어야 한다. 그러나 자신의 생각을 조리 있게 말이나 글로 표현하는 것은 생각처럼 쉬운 것이 아니다. 독서 토론에서 자주 자신의 생각을 발표하다 보면 표현력이 향상된다. 글로 표현하는 것보다는 발표를 통해서 표현하는 것이 선행되는 것이 좋다. 말로 표현하는 것이 발전하게 되면서 자연스럽게 글로 쓰는 능력도 향상되게 된다.

이해력의 확장으로

두 번째는 이해력이 향상된다. 독서 토론에 참여해서 다른 참여자의 발표를 들으면 자신도 모르는 사이에 자연스럽게 이해력이 향상된다. 발표하는 것을 통해서 표현력이 향상된다면, 상대방의 발표를 경청함으로써 이해력이 향상되는 것이다. 사람은 누구나 자신이 듣고 싶은 것만을 들으려고 하는 속성이 있다. 자신의 두뇌 패턴과 반대되는 것을 거부하는 속성이 있기 때문이다.

사람이 듣고 싶은 것만 들으려고 하는 것을 '선택적 지각'이라고 한다. '선택적 지각'은 자신이 알고 싶은 것에만 관심을 갖는다는 말이다. 사람의 두뇌는 새로운 것을 거부하는 경향을 가지고 있다. 새로운 정보가 두뇌에 입력되면 스트레스를 받게 된다. 그래서 독서를 하거나 교육을 받고 새로운 지식을 쌓아가는 것이 어려운 것이다. 배경지식이 많은 사람은 새로운 정보를 잘 받아들일 수 있다. 학생들이 공부를 잘할 수 있는 것도 배경지식이 많아야 가능하다. 배경지식이 많으면 수업시간에 선생님이 가르치는 새로운 지식에 스트레스를 받지 않고 잘 받아들일 수 있다. 반면에 배경지식이 부족한 학생들은 새로운 지식에 스트레스를 받기 때문에 집중을 잘하지 못하고 산만하게 되는 것이다. 그래서 공부를 잘하는 대부분의 사람들이 독서를 가장 중요하게 강조하는 것이다.

독서 토론에 참석하게 되면 처음에는 '선택적 지각'을 하기 때문에 많은 것을 받아들이지 못한다. 그러나 독서 토론에 자주 참여하게 되면 점진적으로 많은 것을 받아들이게 된다. 독서 토론을 통해서 다른 사람의 의견을 경청하다 보면 두뇌 패턴이 자연스럽게 다양한 의견들을 받아들일 수 있도록 확장된다. 두뇌 패턴이 다양성을 인정하게 되면 이해력이 극대화될 수 있다.

독서 토론에서 발표를 하는 것은 한 번이지만 듣는 것은 여러 번이다. 참석자 모두가 한 번씩 돌아가며 발표를 하기 때문에 참석자의 수만큼 듣게 된다. 그래서 독서 토론에 참여하게 되면 많은 것을 들을 수 있다.

사람이 듣는 것보다는 말하는 것에 익숙하지만 독서 토론에서 많이 듣기 때문에 자연스럽게 이해력이 향상되는 것이다.

사고력의 확장으로

독서 토론을 통한 표현력과 이해력의 발달은 사고력의 확장으로 이어진다. 사람에게 가장 중요한 것은 생각하는 힘이다. 사람과 짐승의 차이는 바로 생각의 차이다. 사람이 변하고 성장하기 위해서 가장 먼저 선행되어야 할 것은 '생각'의 변화이다. 사람은 생각하기 시작할 때 변화가 시작된다. 변화가 쌓이고 쌓이면서 성장하는 것이다. 독서와 독서 토론은 생각의 변화를 혁명적으로 이끌어 주는 것이다.

독서 토론을 하기 위해서는 먼저 독서를 해야 한다. 사람은 독서를 통해서 지식을 습득하게 된다. 독서로 습득한 지식을 가지고 독서 토론에서 자신의 생각을 발표하면서 표현력이 향상된다. 다른 사람의 생각을 들으면서 이해력이 향상된다. 표현력과 이해력의 향상은 사고력의 향상으로 발전하게 되고 사고력의 발전은 창조적인 인재로 성장하는 밑거름이 된다.

06

독서 토론의 구체적인 방법들

독서 토론은 독서의 완성이다. 그래서 사람의 변화와 성장을 이끌기 위해서는 반드시 독서와 독서 토론이 병행되어야 한다. 그렇다면 독서 토론은 구체적으로 어떤 방법으로 해야 할까? 귀한 시간을 내서 독서 토론에 참석했기 때문에 효율적인 독서 토론으로 많은 성과를 낼 수 있어야한다. 여기서는 독서 토론의 구체적인 방법들을 제시해 보도록 하겠다.

독서 토론의 적정 인원수

독서 토론의 적정 인원수는 몇 명이 좋을까? 독서 토론의 적정 인원은 4~6명이다. 4~6명은 되어야 독서 토론이 풍성해진다. 인원이 너무 적으면 풍성한 나눔을 할 수 없다. 3명 이하로 토론을 진행하면 토론이 아니라 대화처럼 진행된다. 독서와 독서 토론의 목적은 사고력의 확장에 있기 때문에 다양한 의견을 듣는 것이 사고력의 확장에 도움이 된다.

독서 토론의 최대 인원은 10명을 넘지 않는 것이 좋다. 인원이 너무 많으면 집중력이 떨어지고 산만해지기 때문이다. 그래서 10명이 넘으면 조를 나누어서 하는 것이 좋다. 독서 토론의 적정 인원수는 정해져 있는 것이 아니다. 구성원의 특성과 모임 장소를 고려해서 인원수를 결정하는 것이 좋다. 구성원의 특성과 모임 장소를 고려하여 4~6명에서 10명까지 정하면 된다.

독서 토론의 조 편성에 대하여

독서 토론의 인원수가 10명을 넘게 되면 조를 나누어야 한다. 10명 이상이 토론하는 것은 효율이 많이 떨어지게 되기 때문이다. 독서 토론에서 다른 사람의 발표를 듣는 것도 중요하지만 자신이 발표하는 것은 더 중요하다. 그러나 인원이 10명이 넘으면 다른 사람의 발표를 듣는 시간이 너무 길어져서 집중력이 떨어지게 된다. 따라서 독서 토론의 적정 인원수는 4~6명이 가장 좋다.

독서 토론의 조는 무작위로 편성하는 것이 좋다. 독서 토론의 조 편성을 랜덤으로 결정하는 이유는 독서 토론의 목적이 사고력의 확장에 있기 때문이다. 독서 토론을 하는 조가 고정되어 있으면 항상 같은 사람들의 발표를 듣게 되기 때문에 사고력의 확장에 도움이 되지 않는다. 그래서 독서 토론의 조는 랜덤으로 결정해서 매주 토론에 참석하는 사람이 바뀌게 하는 것이 좋다.

독서 토론은 발표식으로 한다

독서 토론은 의견을 주고받기 위한 것이다. 독서 토론이 의견을 주고

받기 위해서 모임을 갖는 것이지만 효율적인 면을 고려할 때 토론식 보다는 토의식 발표로 진행하는 것이 더 효과적이다. 토론은 논점을 가지고 자신의 주장을 전개해가는 것이다. 자신의 주장을 논리적인 근거를 내세워 관철시키는 것을 목적으로 하는 것이다. 토의는 자신의 의견을 발표하는 것이다. 자신의 의견을 관철시키는 것이 아니라 자신의 의견을 말하는 것을 목적으로 하는 것이다.

독서 토론을 토론식으로 하면 논쟁이 벌어지게 된다. 논쟁이 벌어지면 싸움을 하게 되고 서로 많은 상처를 받게 된다. 독서 토론은 회복을 위해서 모이는 것인데 토론식으로 진행되면 회복이 아니라 분열과 아픔을 낳게 되는 것이다. 유년시절부터 토론 문화에 익숙해 있다면 괜찮겠지만 토론 문화에 익숙하지 않은 사람들이 토론식으로 진행해서는 안 된다.

우리나라의 성인들 대부분은 대화를 잘 못한다. 대화나 토론하는 교육을 받지 못했기 때문이다. 사람들이 대화를 하면서 서로 자기주장을 하게 되면 결론에 도달하기보다는 분열과 다툼으로 끝을 맺게 되는 경우가 많다. 토론은 대화와 타협으로 합리적인 결론을 도출해가는 과정이지만 토론에 익숙하지 않기 때문에 분열과 다툼이 일어나는 것이다. 그래서 토론은 아픔으로 끝나는 경우가 많다. '독서 토론' 교육을 초등학교에서부터 시행해야 한다. 초등학생 때부터 대화와 타협으로 의견을 조율해가는 것을 배워야 한다.

독서 토론의 진행방법
독서 토론의 구체적인 진행방법은 한 사람씩 순서대로 발표하는 것을 원칙으로 한다. 2시간의 토론시간을 4등분해서 독서 토론을 진행하면 된다. 독서 토론은 변화와 성장을 목적으로 하기 때문에 일주일에 두 권의 책을 읽으면 된다. 그래서 필독서 한 권과 자유도서 한 권과 인문학 그리고 개인적인 의견 발표순으로 진행하면 된다. 4개 파트로 나누어서 각 파트에 30분씩 시간을 배분해서 토론을 진행하면 된다.

독서 토론의 한 조는 4~6명을 기본으로 하는 것이 좋다. 30분간 필독서를 나누는 시간에 한 사람당 5분 정도의 시간을 배분하여 돌아가면서 발표를 하면 된다. 독서 모임을 진행하다 보면 한 사람이 너무 길게 발표하는 경우가 있다. 독서 토론을 원활하게 진행하기 위해서는 스톱워치를 사용하여 한 사람당 5분씩 발표하도록 시간을 정해 주는 것이 좋다. 참석한 사람들에게 시간을 균등하게 배분하여 모든 참석자들이 자신의 시간을 잘 활용하여 사고력을 확장해 나가게 해야 한다.

필독서부터 시작하여 자유도서도 마찬가지로 30분을 한 사람당 5분 정도 배분하여 진행하면 된다. 인문학과 개인적인 사항들의 발표도 각 사람에게 5분씩 배분하여 30분 동안 진행하면 된다. 이런 식으로 독서 토론을 진행하면 2시간의 짧은 시간 동안 정말 많은 것을 얻을 수 있다.

인문학을 일주일에 한 권씩 읽고 토론하자는 의견이 있을 수 있다. 그러나 처음부터 인문학을 일주일에 한 권 읽고 토론에 참여하는 것은 무리이다. 나중에 독서력이 쌓여서 가능해질 때까지는 나누어서 진행하면 된다. 인문학은 일주일에 한 권이 아니라 장chapter별로 나누어서 진행하면 된다. 예를 들어, 논어는 20장으로 되어 있기 때문에 일주일에 한 장씩 토론하면 된다. 인문학을 일주일에 한 장씩 하는 것이 적은 듯하지만 인문학의 깊이로 인해서 많은 깨달음을 얻게 된다. 인문학을 한 장이나 한 구절씩 나누는 것도 괜찮다. 한 주에 한 구절씩 나누면 정말 깊이 있는 통찰들을 나눌 수 있기 때문이다.

07

토론을 위한 필독서가 필요한가?

독서 모임의 필독서 선정에 대한 여러 의견이 있다. 필독서를 선정하는 것에는 여러 가지 장단점이 있다. 나는 필독서가 꼭 필요하다고 생각한다. 필독서를 선정하는 것에 장단점이 있지만 선정하는 것이 더 효과적이다. 독서 토론의 목적은 독서를 완성하는 것으로 사고력의 확장에 있다. 사고력이 확장되어 자신의 생각의 한계를 깨는 것이 목적이다.

필독서를 선정하면 같은 책을 읽고 나누게 되기 때문에 사고력을 확장해 가는데 많은 도움이 된다. 같은 책을 읽고 독서 토론에 참여하면 자신의 생각과 다른 다양한 의견들을 듣게 된다. 똑같은 책을 읽고 다양하게 이해하는 것을 보면서 자신의 의견과 다르기 때문에 당황하기도 한다. 처음에는 자신의 시야가 좁기 때문에 다양성을 받아들이지 못하기 때문이다. 그러나 모임이 반복되고 다양한 의견을 접하게 되면서 다양성을 받아들이게 된다. 자신의 생각과 다른 생각을 하는 사람을 인정하지 못하는 사람들도 있다. 자신의 생각과 다른 것을 인정하지 못하고 틀렸다고 생각하는 경향이 강하기 때문이다. 흑백논리가 강한 사람이 의외로 많다. 그래서 자신과 같은 생각을 하지 않는 사람은 다 틀렸다고 생각하기도 한다. 사실 대화가 잘 되지 않는 이유 중의 하나가 바로 이것이다.

독서 모임으로 다양성을 인정하게 되면 사고력이 확장된다. 사고력이 확장되는 것은 시야가 넓어지는 것을 의미한다. 시야가 넓어지면 세상과 사람을 보는 눈이 폭넓게 되기 때문에 마음의 여유가 생긴다. 시야가 넓어지는 것은 세상을 살아가는 삶의 지혜가 많아지는 것이다. 그래서 독서 모임으로 삶의 여유가 생기는 것이다.

필독서를 선정하고 독서 토론을 진행하면 내가 생각하지 못하는 것들을 듣게 된다. 같은 책을 읽고 독서 토론에 참여하지만 모두 다 똑같은 수준으로 받아들이는 것은 아니다. '아는 만큼 보인다'는 개념이 여기서도 적용된다. 똑같은 책을 읽었지만 각자 자신의 수준만큼만 받아들이기 때문에 자신이 전혀 받아들이지 못한 것도 다른 참여자에 의해서 듣게 된다. 다른 사람에게 듣게 되지만 책을 읽었기 때문에 자신의 것이 되게 된다.

필독서를 선정하면 책을 읽어야 하는 기간이 정해지기 때문에 독서에 대한 동기부여가 된다. 독서 습관이 잡혀 있지 않으면 독서하는 것이 쉽지 않다. 자기 스스로 동기부여가 이루어지지 않으면 더 어렵다. 이때 독서 모임에 참여하는 것만으로도 많은 동기부여가 된다. 독서 모임에서 필독서를 선정하면 그 책을 읽고 소감을 발표해야 하기 때문에 저절로 동기부여가 된다.

책을 읽는 기간이 정해지면 독서의 동기부여가 최고조에 이르게 된다.

기간이 막연하면 여유를 갖고 책을 읽게 되어 한 달도 걸리고 두 달도 걸리다가 끝내 다 읽지 못하고 책장에 다시 꽂히는 경우도 있다. 그러나 기간이 정해지면 꼭 읽지 않으면 안 되기 때문에 독서의 동기부여가 아주 강하게 이루어진다. 마감이 다가오면 고도의 집중력이 발휘되는 경우가 있다. 독서의 경우도 마찬가지다. 필독서가 정해지면 독서 모임 전까지 읽어야 하는 기간이 정해지는 것과 같은 효과를 느끼게 된다. 그러면 독서에 성공할 확률이 높아지게 된다.

독서 모임을 하다 보면 독서 습관이 전혀 잡혀 있지 않은 사람들도 있다. 독서 습관이 잡혀 있지 않아도 필독서를 읽어야 한다는 부담감 때문에 평소보다 일찍 일어나게 된다고 한다. 심지어는 새벽에 잠이 깨기도 한다. 필독서가 정해지지 않으면 새벽에 잠이 깨도 다시 잠을 청하겠지만 필독서가 있으면 책을 읽어야 한다는 생각이 강해져 잠을 이겨내고 독서를 하게 된다고 한다. 또한 필독서를 읽어야 한다는 부담감 때문에 의미 없는 시간을 보내지 않게 되기도 한다. 독서하기 전에는 시간이 아깝다는 생각을 하지 않는다. 그러나 필독서를 읽어야 한다는 부담감이 작용하면 시간이 아깝다는 생각이 들게 된다. 그래서 조금의 시간도 헛되이 보내지 않고 독서에 집중하게 된다. 처음에는 필독서를 읽어야 한다는 부담감 때문에 힘이 들기도 하지만 독서 습관을 잡아가는데는 최고의 방법이다.

처음에는 필독서를 읽어야 한다는 부담감으로 시작하지만 독서 습관이 잡히면 독서의 맛을 알게 된다. 독서에 재미가 들기 시작하면 책만큼 달콤한 것이 없다. 집에 꿀단지를 숨겨 놓은 것처럼 집에 가고 싶어진다.

책을 읽기 위해서 빨리 집에 가고 싶어서 안달하게 된다고 말하는 사람들도 생긴다. 필독서를 정하면 책의 맛을 알게 되고 독서 습관을 잡아가게 된다.

독서 모임에서 필독서를 정하면 독서 모임의 방향을 잡아갈 수 있다. 자신이 참여하는 독서 모임의 필독서만 보고도 그 모임의 독서 방향을 알 수 있다. 독서의 방향은 독서 모임이 추구하는 목적과도 같은 것이다. 어떤 모임들은 인문학 독서를 위주로 하고, 어떤 모임은 업무와 관련해서 지식독서를 위주로 하고, 어떤 모임은 성장독서를 위주로 한다. 필독서를 보고 모임을 선택할 수도 있는 것이다.

필독서를 정해서 독서 모임의 방향을 잡아가면 내부적인 혼란도 줄어들게 된다. 독서 모임의 방향이 정해지면 한 방향으로만 가면 되기 때문이다. 독서 모임의 방향이 정해지지 않으면 내부적으로 의견차이가 발생하게 된다. 사람마다 추구하는 방향과 목표가 다르기 때문이다. 필독서를 정해서 한 방향으로 가고 있는 독서 모임이 개인의 의견보다는 전체의 의견에 따라 운영될 수 있게 된다.

공동체성이 회복되어 상처가 치유된다

독서는 정말 중요한 것이지만, 책을 통해서 얻을 수 있는 지혜는 한정되어 있다. 자신의 한계를 넘어서 깨달음을 얻기란 정말 어렵다. 독서 토론의 장점은 바로 자신의 한계를 넘어설 수 있다는 것이다. 한 가지 주제나한 가지 책을 가지고 토론할 때, 다양한 의견을 들을 수 있다. 다른 참여자들의 다양한 의견을 경청할 때, 나의 한계를 넘어서는 지혜를 얻을 수있게 된다. 나의 생각의 틀을 벗고 다양한 사고를 할 수 있다.

독서 토론의 효과는 많지만 사람들과 함께할 수 있다는 것이 가장 큰효과이다. 미래 사회로 갈수록 개인주의 사회가 될 가능성이 크다. 그래서 사람들과 어울리지 못하고 혼자서 지내게 되는 경우도 많다. 개인주의화되어 가는 사회구조에서는 신체적으로나 성격적으로 뛰어난 사람들은 괜찮겠지만 그렇지 못한 사람들은 외톨이가 될 수도 있다. 독서 토론 모임은 이런 문제들을 개선하는 효과가 있다.

공동체성을 회복할 수 있다

사람은 공동체에 속해서 살아가야 가장 큰 안정감과 만족감을 느낄 수 있다. 그러나 세상이 점점 개인주의화되어 가고 있다. '군중 속의 고독'이라는 말을 실감할 만큼 공동체가 무너져가고 있는 것이 현실이다. 이런 현실 가운데 독서 토론 모임을 통해서 공동체성을 느낄 수 있다. 독서 모임에서 오랜 시간 마음을 나누면 일체감을 많이 느끼고 자신이 공동체에 속해 있다는 안정감을 느낄 수 있다.

인생을 살다 보면 자기 마음을 알아주는 사람을 만날 때가 가장 행복하다. 사실 모든 문제의 시작은 오해에서 비롯되는 것이다. 서로의 마음을 알아주지 못하기 때문에 오해가 생기게 되는데 독서 토론을 계속 진행하다 보면 서로의 마음을 알게 된다. 서로의 마음을 알게 되면 그 사람을 이해하게 된다. 사람들이 자기 마음을 알아주지 않는다고 하소연하는 사람도 있다. 그러나 사람들이 자기 마음을 알게 하기 위해서는 표현해야 한다. 표현을 하지 않으면 아무도 그 사람의 마음을 알 수가 없다.

대한민국은 OECD 국가 중에서 자살률이 1위이다. 특히 청소년 자살률과 노인 자살률이 1위이다. 자살하는 사람들은 그들의 마음을 알아주는 사람이 한 사람만 있어도 자살하지 않는다고 한다. 자신의 마음을 알아주는 사람이 한 사람도 없다고 생각하기 때문에 그런 선택을 한다는 것이다. 독서 모임으로 공동체성이 회복되면 이런 극단적인 선택을 하지 않게 될 것이다.

어떤 사람의 마음을 이해하게 되면 그 사람의 마음을 알게 된다. 서로의 마음을 알고 이해하게 되면 공동체성이 회복된다. 서로의 마음이 통하는 공동체가 되는 것이다. 세상에서 혼자서 살아갈 수 있는 사람은 없다. 모든 사람은 공동체 안에서 더불어 살아가야 하는 존재이다. 마음을 나누는 공동체 안에서 살아가는 것보다 더 좋은 것은 없다. 독서 모임을 통해서 자신의 생각을 발표하고 상대방의 의견을 듣다 보면 공동체성이 회복되어 가는 것을 느낄 수 있다.

상처가 치유된다

독서 토론의 효과 중에서 가장 중요한 것은 상처의 치유이다. 사람들은 누구나 알게 모르게 많은 상처를 주고받으며 살아간다. 그리고 그 상처들은 결코 상처로 끝나지 않는다. 상처는 다른 사람에게 전달되어서 또 다른 상처들을 만들기도 하고 자신의 내면을 괴롭히는 것이 되기도 한다. 상처로 또 다른 상처를 만드는 악순환이 계속되면서 살아가는 것이다. 그러므로 상처를 치유하는 것은 정말 중요하다.

고백에는 능력이 있다. 아무리 아픈 상처들이 많아도 고백하면 다 치유가 된다. 자신 안에 숨어 있는 내면의 상처들을 고백할 때 치유되는 경험을 하게 된다.

자신을 계속 드러내고 내면 안에 숨어 있는 것들을 다 토해내면 상처는 자연스럽게 치유된다. 그러나 사람들은 자신의 상처를 드러내지 않고 뒤로 숨기기 때문에 문제가 계속 발생하게 되는 것이다. 숨기지 말고 꺼내서 자신을 드러내야 한다. 다른 곳에서는 불가능하지만 독서 모임에서는 가능하다.

독서 토론을 계속 진행하면 서로의 마음이 열릴 때가 있다. 처음에는 자신의 마음을 숨기지만 독서 토론을 통해서 상대방의 마음을 알게 되면 마음이 열리게 된다. 마음이 열리면 진실하게 마음속 깊은 곳에 있는 응어리들을 토해내게 된다. 그때 놀라운 치유가 나타나게 되어 있다. 독서 토론의 위대함은 여기에 있다. 자신의 아픔을 고백하고 표현할 때 치유가 나타나는 것이다.

독서 토론을 진행하다 보면 함께 울고 함께 웃을 때가 많다. 독서를 하다 보면 자신의 마음과 통하는 부분들이 많이 나온다. 자신의 아픔과 같은 것들을 독서 모임에서 나누다 보면 눈물을 흘리면서 자신의 아픔을 고백하게 된다. 그러면 참가자들이 자기 일처럼 함께 아파하고 위로해 주는 것을 경험하게 된다. 그러면 많은 상처에서 회복될 수 있다.

독서 토론을 하다 보면 함께 웃을 때도 많다. 독서하면서 마음이 강해지고 회복되면 좋은 일들이 가득하게 된다. 독서 모임에 3개월 정도 꾸준히 참석하면 사람들의 표정이 바뀌게 된다. 표정이 정말 밝아지고 미소를 머금기도 한다. 독서와 독서 토론을 통해서 마음이 많이 회복되었기 때문이다. 자신의 변화를 말하면서 기뻐하는 모습을 보면서 회원들이 진심으로 기뻐해 준다.

실제로 독서 모임을 진행하다 보면 정신과 치료를 받을 만큼 마음이 무너진 사람들도 있다. 정신과 치료를 받는 사람들은 어떤 상처로 인해서 마음이 무너진 사람들이다. 자신이 감당하지 못할 만큼 큰 일을 겪어 마음이 무너진 것이다. 이런 사람들도 독서 모임을 통해서 마음이 회복되고 정상인처럼 밝고 힘차게 살아가게 된다. 독서는 마음의 양식이기 때문에 독서와 독서 토론을 하면 자연스럽게 마음이 강해지게 되는 것이다.

09

독서 모임의 질은 리더의 질을 넘을 수 없다

'교육의 질은 교사의 질을 넘을 수 없다'는 말이 있다. 준비된 교사에게서 교육 효과가 가장 크게 나타나게 된다는 말이다. 아무리 좋은 교육 시스템과 기자재를 갖추고 있어도 교사가 준비되어 있지 않으면 아무 소용이 없다는 말이다. 교육하는 데 교사가 가장 중요하다는 말이다. '독서 모임의 질은 리더의 질을 넘을 수 없다'라는 말도 있다. 독서 모임이 최고의 모임이 되려면 준비된 리더가 필요하다는 것이다. 독서 모임에서도 리더가 가장 중요하다는 것이다.

'한 마리의 양이 이끄는 백 마리의 사자 부대보다 한 마리의 사자가 이끄는 백 마리의 양 부대가 더 강하다'는 말이 있다. 리더의 중요성을 이보다 더 잘 표현한 말은 없는 것 같다. 백 마리의 양 부대가 백 마리의 사자 부대를 어떻게 이길 수 있겠는가? 그것은 도저히 불가능한 일이다. 그러나 도저히 불가능해 보이는 일이지만 리더가 누구냐에 따라서 승패가 결정될 수도 있다는 말이다.

'명량'이라는 영화에서 이순신 장군은 리더십의 예를 잘 보여 주었다. 12척의 배로 330척의 배와 맞서 싸워서 대승을 거둔 것은 이순신 장군의 리더십이 있었기에 가능한 것이었다. 어쩌면 12척의 배는 백 마리의 양 부대와 같고 330척의 배는 백 마리의 사자 부대와 같은 것이다. 도저히 불가능할 것 같은 일이 일어나지 않았는가? 준비된 리더가 있으면 어떤 일도 가능하게 되는 것이다.

독서 모임의 준비된 리더가 되려면 어떻게 해야 할까? 독서 토론을 효과적으로 이끌 수 있는 준비된 리더는 어떻게 하면 될 수 있을까? 독서 모임이기 때문에 책을 많이 읽어야 한다. 리더는 모임을 진행하기도 하지만 조언을 해 주기도 해야 한다. 초보자들이나 독서에 대해 고민하고 있는 사람에게는 독서에 접근할 수 있는 조언이 필요하기도 하다. 그때 많은 책을 읽은 리더는 어려움 없이 조언을 해 줄 수 있다. 준비된 리더는 책을 많이 읽는 사람이 되는 것이다.

리더는 들을 준비가 되어 있어야 한다. 리더가 말을 너무 많이 하면 모임이 리더 중심으로 돌아간다. 독서 토론 모임이 아니라 리더의 강의 시간처럼 되는 것이다. 독서 모임에서 리더는 말을 줄이고 참가자들이 발표를 잘할 수 있도록 돕는 역할을 해야 한다. 물론 조언이 필요한 경우도 있고 필요한 말을 해야 하기도 한다. 그러나 기본적으로 리더의 역할은 듣는 것에 있음을 마음에 새겨야 한다.

또한 리더는 온화하고 부드러운 표정을 지어야 한다. 독서 모임이 편안한 자리가 되기 위해서는 리더의 표정도 중요하다. 일반 참가자의 표정이 어두우면 큰 영향을 미치지 않을 수도 있다. 그러나 리더의 표정이 어둡거나 차가운 경우에는 모임 전체가 영향을 받는다. 리더는 독서 모임 중에는 표정 관리에도 신경을 써야 한다. 개인적으로 힘든 일이 있는 경우에도 모임을 위해서 내색하지 않는 것이 좋다.

리더는 유머 감각이 있는 것이 좋다. 독서 모임이 진지한 책 나눔이기 때문에 잘못하면 딱딱하고 무거운 분위기로 흐를 수도 있다. 그럴 때 리더가 유머로 자연스럽게 진행하면 분위기가 밝아지고 가벼워질 수 있다. 분위기가 어두우면 독서 모임의 효과가 많이 떨어질 수밖에 없다. 때로는 다른 참가들이 잔뜩 긴장하거나 실수하기도 한다. 그럴 때에도 리더가 유머가 있으면 분위기를 바꾸는데 도움이 된다.

리더는 지적을 하면 안 된다. 리더가 참가자의 발표에 대해서 지적하면 분위기가 가라앉게 된다. 독서 토론 모임은 발표를 하는 모임이다. 그래서 정답은 없고 참가자가 발표하는 것이 정답이 된다. 따라서 리더는 참가자의 의견이 자신의 의견과 다르더라도 지적하거나 훈계해서는 안된다. 리더가 참가자의 발표에 격려하려는 마음을 가지고 있으면 분위기가 살아나게 된다.

리더는 시간을 적절하게 통제해야 한다. 독서 모임을 하다 보면 한 사람이 너무 오래 발표 하는 경우가 있다. 그렇게 되면 어떤 사람은 불과 몇 마디도 발표하지 않았는데 독서 모임이 끝나기도 한다. 독서 모임은 한 사람의 경연장이 아니므로 리더는 시간을 적절하게 배분해야 한다. 리더가 시간을 조정하는 것은 약간의 강제성이 있어도 괜찮다. 물론 모임이 시작되기 전에 시간을 통제하겠다고 공지하는 것을 잊지 말아야 한다.

독서 모임에서 리더는 정말 중요한 위치를 차지한다. 따라서 리더를 하고 싶은 사람은 잘 준비해야 한다. 독서 모임을 하다 보면 '사람을 살렸어요'라는 말을 듣게 되기도 한다. 죽은 거나 다름없는 자신의 마음이 회복되었다는 의미일 것이다. 반대의 경우도 있을 수 있다. 리더의 말 한마디 때문에 상처를 받아 큰 좌절감을 맛보게 할 수도 있다. 따라서 리더의 중요성을 깊이 생각하고 잘 준비하여 최고의 리더가 되도록 해야 한다. 준비된 리더가 최고의 독서 모임을 만들 수 있다.

새로운 대한민국을 위하여
'일두독론' 국민 독서 프로젝트를 제안하며

대한민국은 아프다. 2014년 대한민국은 너무 많이 아팠다. 세월호 사고로 모든 국민들이 잔인한 4월을 보냈다. 매정한 바다가 꽃 같은 우리 아이들을 삼켜버렸다. 모든 국민이 이 사건을 지켜보면서 무력감과 허탈감으로 목놓아 울었다. 세월호 사고의 아픔이 가시기도 전에 전방에서 총기사고와 구타사고가 발생했다. 가슴 아픈 사고들로 인해서 많은 사람들의 마음에 큰 구멍이 뚫렸다. 그러나 대한민국은 세월호 사고와 군부대 사고가 일어나기 전에도 이미 병들어 있었다. 그 병이 세월호 사고와 군부대 사고로 나타난 것일 뿐이다.

대한민국은 OECD 국가 중 이혼율과 자살률 1위를 차지했다. 특히 청소년 자살률과 노인 자살률에서도 1위라는 불명예스러운 기록을 갖고 있다. 동방예의지국이라고 칭송받았던 대한민국이 불명예스러운 기록을 가진 국가로 전락하였다. 대한민국이 이혼율과 자살률에서 1위를 달린다는 것은 국민들의 마음이 그만큼 아프다는 반증이다. 많은 사람들이 아픈 마음으로 하루하루를 살아가고 있지만 그 아픔에서 벗어날 수 있는 길이 보이지 않는다. 대한민국 사람들의 마음의 병을 치유하기 위해서 근본적인 대안이 제시되어야 한다.

많은 사람들이 대한민국이 변해야 한다고 말한다. 대한민국이 변해야 한다고 말하고 있지만 현재의 모습은 절망스러운 상황이다. 정부에서는 국가를 개조하겠다고 말하고 있다. 시민들도 자발적으로 변화를 추구하고 있지만 특별한 대안이 제시되지 못하고 있다. 대한민국은 근본적인 변화가 필요한 시점이 되었다. 대한민국의 미래를 위해서 새로운 대안이 제시되어야 하는 때가 되었다.

새로운 대한민국을 위해서 근본적인 변화를 이끌 수 있는 대안이 필요하다. 새로운 대한민국의 근본적인 변화를 이끌기 위해서는 모든 국민들의 의식혁명이 이루어져야 한다. 의식혁명은 생각혁명이다. 국민들의 생각이 혁명적으로 바뀌면 새로운 대한민국을 건설해 나갈 수 있다. 대한민국의 모든 국민들의 근본적인 생각의 변화를 이끌어 내려면 독서가 필요하다. 독서는 개인과 가정과 기업과 국가의 운명을 바꿀 수 있기 때문이다.

새로운 대한민국을 위해서 모든 사람들이 독서를 실천하면 된다. 모든 국민이 독서를 실천할 수 있도록 '일두독론' 국민 독서 프로젝트를 제안한다. '일두독론' 국민 독서는 일주일에 두 권의 책을 읽고 일주일에 두 시간의 토론을 하자는 프로젝트이다. 대한민국의 모든 가정과 학교와 기업과 관공서와 군부대와 모든 기관과 단체에서 일주일에 두 권의 책을 읽고 두 시간의 토론을 한다면 대한민국은 새롭게 변화될 것이다.

일주일에 두 시간의 토론을 위하여 각자 일주일에 두 권씩 독서하면 된다. 물론 처음부터 일주일에 두 권의 독서를 하기는 쉽지 않겠지만 독서 습관이 잡히면 일주일에 두 권의 독서가 얼마든지 가능해진다. 독서도 좋지만 그보다 더 중요한 것은 독서 토론을 하는 것이다. 독서가 독서로 끝나지 않고 지식이 지식으로 끝나지 않고 모든 사람들의 마음에 내재화되기 위해서는 독서 토론을 반드시 해야 한다.

대한민국에 '일두독론' 국민 독서가 정착되면 개인의 삶이 행복하게 변할 것이다. 아리스토텔레스는 "인생의 목적은 행복에 있다. 행복한 인생은 탁월함에 달려 있다"고 하였다. '일두독론' 국민 독서가 정착되면 모든 사람이 탁월한 지적 능력을 지닌 사람이 될 것이다. 탁월한 지적 능력이 행복한 삶으로 이끌어 줄 것이다. 그러면 모든 국민의 삶이 행복하고 풍요로운 삶이 될 수 있다. 개인의 행복은 가정의 행복이 되고 가정의 행복은 국가의 행복이 될 것이다.

대한민국에 '일두독론' 국민 독서가 정착되면 대한민국은 세계 1위 국가가 될 수 있다. 세계에서 가장 책을 많이 읽는 일본과 미국의 성인 평균독서량은 1년에 80권 정도이다. 선진국이라하는 국가들의 평균독서량은 50권이다. 그러나 대한민국의 평균독서량은 9.2권이다. '일두독론' 국민 독서가 정착되면 모든 국민이 1년에 100권의 독서를 하게 된다. 100권의 독서는 일본과 미국보다 20권이 더 많고 다른 선진국보다 50권이 더 많다.

세상에는 5%의 책 읽는 사람과 95%의 책 안 읽는 사람이 있다고 한다. 책을 안 읽는 95%의 사람들은 책 읽는 5%의 사람들에게 지배를 받고 산다고 한다. 대한민국이 세계 1위 국가가 되려면 세계에서 책을 가장 많이 읽는 나라가 되면 된다. '일두독론' 국민 독서가 정착되어 1년에 100권의 책을 읽으면 세계 속의 대한민국이 아니라 세계를 이끄는 대한민국이 될 것이다.

2014년 대한민국은 아팠다. 아파도 너무 아팠다. 상처 난 대한민국에 '일두독론' 국민 독서 프로젝트가 필요하다. 독서와 토론을 한다면 모든 국민들의 상처와 아픔도 깨끗하게 치유될 것이다. 대한민국의 아픔만 치유되는 것이 아니라 대한민국이 세계 1위 국가도 될 수 있다. '일두독론' 국민 독서 프로젝트를 통해서 개인은 자립심을 가진 독립적주체로 당당하게 살아갈 수 있고, 대한민국은 세계 1위 국가가 되어 어떤 나라의 지배와 간섭도 받지 않고 당당하고 행복하게 살아갈 수 있는 국가가 될 것이다.

새로운 대한민국을 위하여 '일두독론' 국민 독서 프로젝트를 제안한다. '일두독론'은 개인과 가정과 기업과 국가의 운명을 바꿀 수 있다. 대한민국이 분열과 다툼으로 얼룩지고 있다. 세월호 사고와 군부대 사고로 인해서 극도의 불안감이 조성되고 있다. 이 모든 아픔은 소통의 부재에서 나온 것이다.

'일두독론' 국민 독서 프로젝트는 일주일에 두 권의 책을 읽고 두 시간의 토론을 하자는 운동이다. 일주일에 두 권의 책을 읽으면 생각을 혁명적으로 바꿀 수 있다. 일주일에 두 시간의 토론을 하면 소통의 부재에서 오는 모든 문제들을 해결할 수 있다. 새로운 대한민국을 위해서 반드시 '일두독론' 국민 독서를 시작해야 한다.

가정에서는 불화와 폭력 때문에 많은 상처를 받고 있다. 가정불화가 원인이 되어 사회문제로까지 번지고 있는 것이다. 가족이 함께 모여서 일주일에 두 권의 책을 읽으면 가정의 분위기가 바뀌고 일주일에 두 시간의 토론을 하면 가족 간의 대화가 살아나게 될 것이다. 가정에서 '일두독론' 국민 독서를 시작하면 가족이 서로 사랑하게 될 것이다. 가정의 불화와 폭력이 그치게 될 것이다. 가정의 회복이 사회의 회복을 이끌 것이다.

학교에서는 학교폭력과 집단 따돌림 문제 때문에 많은 학생들이 학교를 떠나고 있다. 학교폭력과 집단 따돌림 문제도 소통의 부재로 일어나는 것이다. 학생들이 일주일에 두 권의 책을 읽으면 많은 정보들을 접하게 된다. 학생들이 4~6명씩 조를 짜서 자신의 생각을 나누기 시작하면 정보들이 융합되어 창조적인 인재들로 자라날 수 있다. 학교에 '일두독론' 국민 독서가 정착되면 학생들이 창조적인 인재로 성장할 수도 있고 소통의 부재에서 오는 모든 학교폭력과 집단 따돌림 문제도 해결될 수 있다.

군대에서 일어나는 많은 문제들도 해결할 수 있다. 군대는 특수한 단체이다. 군인들 중에서 군대에 오고 싶어서 온 사람은 아무도 없다. 국방의 의무 때문에 어쩔 수 없이 군대에 온 것이다. 요즘 군인들은 대부분 가정에서 외아들로 자랐다. 그래서 귀한 대접만 받고 살다가 군대라는 특수한 조직에 온 것이기 때문에 많은 문제가 발생하는 것이다. 그래서 군인들에게도 '일두독론' 국민 독서가 필요하다. 일주일에 두 권의 책을 읽으면 국방의 의무를 다하면서 자신의 실력을 향상시킬 수 있다. 일주일에 두 시간의 토론을 하면 소통의 부재에서 오는 모든 문제들을 해결할 수 있다.

기업에서의 많은 문제도 해결할 수 있다. 기업은 부가가치를 창출해야 하기 때문에 혁신이 필요하다. 그러나 혁신은 저절로 이루어지는 것이 아니다. 혁신은 생각의 혁명에서 일어나는 것이다. 일주일에 두 권의 책을 읽으면 생각의 혁명이 일어날 수 있고, 일주일에 두 시간의 토론을 하면 지식의 공유와 융합이 일어날 수 있다. 21세기는 아이디어 전쟁이 벌어지고 있는 시대이다. 기업에 남다른 생각을 하는 창조적 인재가 많아지면 모든 경쟁에서 이길 수 있게 된다. '일두독론' 국민 독서는 기업의 혁신을 이끌 수 있는 가장 좋은 방법이다.

국가의 심장부에서 일어나는 모든 문제도 해결할 수 있다. 국가의 공무원들은 직급이 높든지 낮든지에 상관없이 나라의 일을 하는 사람들이다. 국가가 결정하는 정책에 따라 국민의 삶의 질이 현격하게 달라질 수 있다. 국가의 정책을 결정하는 사람들이 일주일에 두 권의 책을 읽으면 시야가 넓어져서 국민을 위한 정책을 결정할 수 있게 될 것이다. 일주일에 두 시간의 토론을 하면 국민들이 무엇을 원하는지 듣는 귀가 열리게 될 것이다. '일두독론' 국민 독서는 대한민국을 아름답고 정의로운 국가로 만들 수 있는 가장 좋은 방법이다.

대한민국은 통일한국 시대를 준비해야 한다. 독일의 통일도 어느 날 갑자기 이루어졌다. 통일한국 시대도 예고 없이 오게 될 가능성이 크다. 그러므로 대한민국은 통일한국 시대를 준비해야 한다. 지금처럼 가정과 학교와 군대와 기업과 국가에서 분열과 다툼을 벌이다가 통일한국 시대를 맞게 되면 대한민국의 미래는 불투명해질 것이다. 대한민국의 모든 곳에서 '일두독론' 국민 독서가 정착되면 모든 상처가 싸매어지고 모든 분열과 다툼이 그치게 될 것이다. 그러면 통일한국 시대에 세계 최강대국으로 우뚝 서게 될 것이다.

지금 힘들고 고통스러운 삶을 살고 있다면 '일두독론' 국민 독서 프로젝트를 시작해야 한다. 그러면 당신의 삶에 서광이 비치기 시작할 것이다. 지금 세상을 원망하고 사람을 원망하고 있다면 '일두독론' 국민 독서 프로젝트를 시작해야 한다. 당신의 삶에 사랑이 싹트고 용서하는 삶을 살게 될 것이다. 지금 무엇을 해야 할지 몰라서 방황하고 있다면 '일두독론' 국민 독서 프로젝트를 시작해야 한다. 당신의 시야가 넓어져 세상의 이치가 보이게 될 것이다.

새로운 대한민국을 위해서 '일두독론' 국민 독서 프로젝트를 제안한다.

대한민국아 '일두독론'하라!
새로운 대한민국을 위해서 '일두독론'하라!

'일두독론'은 개인과 가정과 기업과 국가의 운명을 바꿀 것이다.

'일두독론'
국민 독서 프로젝트

독서에 당신의 모든 것을 걸어보라!
독서는 당신과 당신의 가정과 기업과 국가의 운명을 바꿀 것이다!
위대한 천재들은 모두 독서하다가 죽겠다는 각오를 했다.

일주일에
두 권의 책을 읽고
두 시간 토론하라!

blog.naver.com/kcg825.do

에필로그

사람들은 사는 것이 힘들다고 말한다. 하루하루를 고통 속에서 힘들게 살아가고 있기 때문이다. 사람들이 힘들게 살아가는 이유는 무엇일까? 붓다의 말처럼 삶은 고통이기 때문에 어쩔 수 없는 것일까? 인생을 살다 보면 힘든 일을 겪지 않을 수는 없다. 그러나 방법이 전혀 없는 것은 아니다. 힘들고 고통스러운 삶에서 벗어날 수 있는 좋은 방법이 있다.

지금까지 자신만의 방법으로 살았기 때문에 힘들고 고통스러운 삶에서 벗어날 수가 없었을 뿐이다. 자신만의 방법을 고집하지 않고 더 좋은 방법을 따르면 얼마든지 고통에서 벗어날 수 있다. 더 좋은 방법은 성공자 독서와 인문학 독서를 하는 것이다. 그리고 독서의 완성을 위해서 독서 토론을 하는 것이다. 그러면 누구든 삶의 고통에서 벗어날 수 있다. 자신의 운명을 바꾸고 새로운 삶을 살 수 있다.

모든 것은 마음에서 비롯된다. 마음이 변하면 모든 것을 이겨낼 수 있게 된다. 상황과 환경은 그대로이지만 마음이 변하면 이겨낼 수 있다. 독서는 마음을 바꿔주는 가장 큰 무기이다. 사람들이 무너지는 이유는 결국 마음이 무너졌기 때문이다. 독서로 마음을 강하게 바꾸면 어떤 상황과 환경에서도 이겨낼 수 있는 마음을 갖게 된다.

성공자 독서로 성공자의 사고방식을 갖게 되면 아무리 힘들고 어려운 상황이 닥쳐도 결코 포기하지 않게 된다. 오히려 성공할 수밖에 없는 생각과 행동으로 위기를 기회로 만들게 될 것이다. 인문학 독서로 혁신을 이끌 수 있는 두뇌혁명이 일어나면 자신의 위치에서 모든 사람을 이끄는 리더가 될 것이다. 독서 토론으로 성공자 독서와 인문학 독서의 완성을 이루면 최고의 삶을 살 수 있게 된다.

지금 힘들고 고통스러운 삶을 살고 있다면 독서에 모든 것을 걸어보기 바란다. 국민 독서혁명 프로젝트를 시작하면 당신의 삶에 서광이 비치기 시작할 것이다. 지금 세상을 원망하고 사람을 원망하고 있다면 국민 독서혁명 프로젝트를 시작해야 한다. 당신의 삶에 사랑이 싹트고 용서하는 삶을 살게 될 것이다. 지금 무엇을 해야 할지 몰라서 방황하고 있다면 국민 독서혁명 프로젝트를 시작해야 한다. 당신의 시야가 넓어져 세상의 이치가 보이게 될 것이다.

독서하라!
독서는 당신의 운명을 바꿀 것이다.

지금 바로 독서를 시작하라!
당신의 삶이 혁명적으로 바뀌게 될 것이다.

'일두독론' 100선

일주일에 두 권의 독서를 하고, 두 시간의 토론을 하기 위하여 매주 한 권의 필독서를 정하여
2년 동안 독서 토론을 할 수 있는 '일두독론' 100선을 추천한다.

POWER OF READING